SPORT - RATGEBER

TENNIS

mit 5-Stufen-Plan zum Erfolg

4.39
ROLEX
2.2
PREVIOUS SETS
SETS
67
46
M. STICH
V
B. BECKER
2

SPORT - RATGEBER

TENNIS

mit 5-Stufen-Plan zum Erfolg

Dieter Schön / Pavel Slozil

COPRESS SPORT

Titelfoto: Werek
Schwarzweißabbildungen:
Archiv Pagina, Baumann, Bongarts, Rauchensteiner, Schirmer, Süddeutscher Verlag, SVEN SIMON, Ullstein, Paul Zimmer

Zeichnungen: Arno Langnickel

Fachberatung: Kurt W. Ehrhardt

Produktion & Layout:
VerlagsService Dr. Helmut Neuberger & Karl Schaumann GmbH

Umschlaggestaltung: Uwe Richter
Lektorat: Robert Fischer

CIP-Titelaufnahme der Deutschen Bibliothek
Sport-Ratgeber Tennis : mit 5-Stufen-Plan zum Erfolg / Dieter Schön ; Pavel Slozil. – München : Copress, 1992
ISBN 3-7679-0381-4
NE: Schön, Dieter; Slozil, Pavel; Tennis

Gesamtherstellung:
Bruckmann, München
Printed in Germany
ISBN 3-7679-0381-4

Inhalt

Vorwort

Im Lauf meiner Karriere als Tennisprofi und als Coach – etwa von Steffi Graf und von Jennifer Capriati – habe ich viele Menschen beobachtet, die Motivationsprobleme bekamen, weil ihre Erwartungshaltung zu hoch war.
Das führte zu unbefriedigenden Trainingsergebnissen und schließlich in einigen Fällen sogar dazu, daß mancher Spieler ganz die Lust am Tennis verlor.
Dieser SportRatgeber wendet sich nun an alle, die völlig neu mit dem Tennis beginnen wollen – und damit in einer beneidenswerten Lage sind, wie sie noch feststellen werden –, aber auch an alle diejenigen, die bereit sind, einen zweiten Versuch zu starten.
Denn Tennis macht Spaß! Es ist der ideale Sport für alle Altersgruppen (von sechs bis sechsundachtzig) – für Frauen genauso wie für Männer.
Von entscheidender Bedeutung ist dabei einzig, was *Sie selbst* für Ansprüche an sich stellen – ob Sie bis nach Wimbledon kommen wollen oder in Ihrer Mannschaft erfolgreicher sein, oder ob Sie ganz einfach Tennis als eine wunderschöne Freizeitbeschäftigung betreiben möchten.
Mit diesem informativen und gut verständlich geschriebenen SportRatgeber sollen Ihnen die nötigen Grundlagen und Kenntnisse vermittelt werden, um schließlich *selbst* dazu in der Lage zu sein, sich individuelle Trainingsziele zu setzen und damit Schritt für Schritt Erfolg zu haben.
In diesem Sinn wünsche ich Ihnen noch viel Spaß und Freude – beim Lesen wie beim Tennisspielen.

Ihr Pavel Slozil

Faszination Tennis – gestern und heute

Tennis gehört zu den bevorzugten Fernsehsportarten. Nur Fußball kann da noch mithalten. Aber es gab Zeiten, da wurde Tennis in Deutschland gnadenlos ausgeblendet. Daran änderten auch große Spieler wie Björn Borg oder John McEnroe nichts. Anders wurde das erst, als Boris Becker die Tennisbühne betrat. Mit ihm bekam Tennis eine neue Dimension – nicht nur in Deutschland.

Der Mann ist jetzt 89 Jahre alt. Er hat noch nie seinen Fuß auf einen Tennisplatz gesetzt, und ein Tennisracket hat er auch noch nie in der Hand gehabt. Für sein Alter ist er noch ein rüstiger Mann, wenn er auch über die üblichen Schmerzen eines von Arthrose geplagten Kriegsteilnehmers klagt. Bis 1985 interessierte er sich höchstens für Fußball – und da vor allem für das, was in seinem kleinen Dorfverein so vor sich ging. Er ließ allerdings auch keine Sportschau am Samstagnachmittag aus, und als Hesse drückte er seiner Eintracht aus Frankfurt die Daumen. Seit etwa 15 Jahren verliert er nach und nach sein Augenlicht. Auf dem einen Auge sieht er praktisch nichts mehr, auf dem anderen kann er noch ganz gut hell und dunkel unterscheiden. Der rüstige Rentner verbringt trotzdem die meiste Zeit seines ruhig gewordenen Lebens vor dem Fernseher. Um überhaupt etwas erkennen zu können, muß er sich unmittelbar vor die große Bildröhre setzen und wegen seiner tauben Ohren den Ton auf höchste Lautstärke stellen.

Seit dem 7. Juli 1985 läßt er keine Tennisübertragung mehr aus. Er hatte damals überhaupt keine Ahnung, was ein *Einstand* ist, was sich hinter einem *Vorteil* verbirgt und wann ein *Fehler* als *Doppelfehler* gilt. Ihm erging es wie Millionen anderer Deutscher auch – er konnte sich weder ein *Tiebreak* vorstellen, noch wußte er wie es gezählt wird.

Heute streitet er via Bildröhre engagiert mit der Person auf dem Schiedsrichterstuhl darüber, ob ein Ball nun *Aus* oder noch *Gut* war, und er leidet mit allen Deutschen, wenn sie Fehler machen – egal, um was sie nun gerade spielen; sei es um den Davispokal, die French-Open-Trophäe oder eben Wimbledon. Er hat auch schon wütend zum Telefon gegriffen und seinen Schwiegersohn, einen Journalisten, angerufen, damit dieser »bei nächster Gelegenheit doch mal der Steffi ausrichtet«, sie solle mal wieder fröhlich lachen.

1984, ein Jahr vor Boris Beckers Wimbledonsieg, verzeichnete der DTB 1,6 Millionen Mitglieder, fünf Jahre später waren es schon mehr als zwei Millionen.

Über das Fernsehen zum Volkssport

Dieser alte Mann ist einer jener Millionen, die seit diesem Juli-Wochenende 1985 die Einschaltquoten bei Tennisübertragungen verzehnfacht haben. Von heute auf morgen von 2 auf 20, von 4 auf 40 Prozent. »Steffi« und »Boris« als Volkseigentum.

Bis zu diesem Tag, den Boris Becker als »meine Geburtsstunde« bezeichnet, war alles ganz einfach. Das Fernsehen blendete sich noch mitten in einem Wimbledon-Finale aus und teilte den »ungeduldigen Kindern vor den Bildschirmen« mit, daß man jetzt zur »Sendung mit der Maus« umschalten wird. Erinnern Sie sich noch?

Wie viele großartige Tennisspiele sind

Linke Seite: 1985 gewann Boris Becker als erster Deutscher das Finale in Wimbledon. Der damals siebzehn Jahre alte Leimener kürte sich damit zugleich zum jüngsten Wimbledon-Champion aller Zeiten.

nur deshalb niemals in die Geschichte eingegangen, weil niemand mit der Fernsehkamera am Spielfeldrand stand und sie aufgezeichnet hat? Also nicht etwa deshalb, weil sie weniger dramatisch verliefen, als jenes von Boris Becker gegen John McEnroe im Daviscup-Abstiegskampf in Hartford in den USA in der Nacht vom 24. zum 25. Juli 1987.

Sie erinnern sich doch sicher noch an die Szene, als Boris Becker mit der deutschen Fahne in dieser amerikanischen Sporthalle im Kreis lief? Vorausgegangen war der niemals erwartete Sieg des »Ersatzmannes« Eric Jelen gegen Tim Mayotte, die Nummer zwei der Amerikaner, ebenfalls in fünf Sätzen.

Diese langen Nächte, das stundenlange Zittern mit den Spielern, ohne zu wissen, wie es enden wird – das bewirkt einen dramatischen Spannungsbogen, der erst nach dem Matchball in sich zusammenfällt.

Spiel mit offenem Ende

Das Match begann nach amerikanischer Zeit nachmittags um 23 Minuten vor fünf Uhr. In Deutschland liefen noch die Tagesthemen – aber gleich danach, ab 23 Uhr, nur noch Tennis. In der Zeitung »Hartford Courant« stand einen Tag später folgendes zu lesen: »Sie spielten. Und spielten. Und spielten. Sie spielten den ganzen Freitagnachmittag und die Freitagnacht. Würde es jemals enden? Sie spielten, während sich Pärchen trafen, heirateten, sich scheiden ließen und erneut heirateten. Sie spielten, während Kinder geboren wurden, und spielten immer noch, nachdem diese Babys ihre Schulzeit beendeten, heirateten und eigene Kinder hatten. Es schien zumindest so. Sie spielten wie ein aneinanderhängendes Paar bei einem Tanzmarathon – mit dem Unterschied, daß sie nie leblos wirkten. Sie jagten sich umher mit Schlägen, von denen der eine immer noch spektakulärer war als der andere. Sie spielten für ihre Mannschaft, für ihr Land, sie spielten sechs Stunden und vierzig Minuten.«

Darin liegt eine der Hauptursachen für die besondere Faszination, die Tennis auf den Zuschauer und Spieler ausübt. Man weiß nie, wann Schluß ist. Man kann sich auch nie sicher sein. Weder des Spiels – obwohl man vielleicht schon 40:0 führt –, noch des Satzes – obwohl es vielleicht schon 5:0 für einen steht – und schon gar nicht des Matches: Denn wie oft führten Spieler schon 2:0 nach Sätzen, schlugen im dritten Satz zum Matchgewinn auf, und...

Diese langen Nächte, das stundenlange Zittern mit den Spielern, ohne zu wissen, wie es enden wird – das bewirkt einen dramatischen Spannungsbogen, der erst nach dem Matchball in sich zusammenfällt.

Für den Aufstieg – oder Abstieg? – einer Freizeitbeschäftigung zum Volkssport braucht man solche Helden wie Boris Becker – und einen Gegner wie John McEnroe. Denn zum Volkssport wird ein solcher Sport nur, wenn sich auch Menschen damit identifizieren, die selbst unsportlich sind, keinen Sport ausüben. Die besondere Faszination dieses »Duells auf Distanz« wird von keinem Medium perfekter eingefangen als von der Fernsehkamera.

Unter Ausschluß der Öffentlichkeit

Was wäre gewesen, wenn es das Medium Fernsehen bereits in den 20er, 30er Jahren gegeben hätte? Es ist ein faszinierender Gedanke, sich vorzustellen, wie die Erfolge eines Froitzheim oder Kreutzer, des Tennisbarons Gottfried von Cramm oder von Cilly Aussem, der ersten deutschen Wimbledonsiegerin, sich auf die Entwicklung des deutschen Tennissports ausgewirkt hätten, wenn es die Fernsehberichterstattung zu deren Zeiten schon gegeben hätte.

Vielleicht hätten auch die Tenniskarrieren eines Wilhelm Bungert, Ingo Buding, Dr. Christian »Kiki« Kuhnke, einer Helga Masthoff oder Helga Hösl einen ganz anderen Verlauf genommen, wenn sie ihre Erfolge in den 60er Jahren vor einem Millionenpublikum erlebt hätten und nicht meistens nur vor einer Schar auserwählter Gäste, die sich diesen Luxus leisten konnte. Man bedenke nur, welche Begeisterung ein solches Spiel wie das zwi-

Boris Becker feiert den Sieg der deutschen Daviscup-Mannschaft über die seit siebzehn Jahren zu Hause ungeschlagenen Amerikaner in Hartford (USA), 1987.

schen Dr. Christian Kuhnke und dem dunkelhäutigen amerikanischen Wimbledon-Champion Arthur Ashe in Cleveland/USA hätte auslösen können, wäre es in Deutschland live übertragen worden! Das Ergebnis steht heute noch mit 96 Spielen in der Rekordliste an zweiter Stelle der längsten Daviscupspiele.

Unaufhaltsamer Aufstieg

Es gibt keine andere Sportart, die sich besser als Massensport eignet, weil Tennis alle dramaturgischen Erfordernisse des Mediums Fernsehen perfekt erfüllt. Es ist das klassische Duell Mann gegen Mann – nein es ist mehr: Es ist ebenso das Duell Frau gegen Mann, Frau gegen Frau, Erwachsener gegen das Kind. Die Regeln sind, sieht man einmal von der etwas kompliziert anmutenden Zählweise ab, einfach. Der Ball muß nur über das Netz in das deutlich sichtbar markierte Feld des Gegners gespielt werden. Auch die Geschwindigkeit des Flugobjektes Ball überfordert die Fernsehkameras nicht, im Gegenteil: auf dem Bildschirm ist der Ball oft sogar besser zu sehen als live am Court.
Das Fernsehen aber hatte die besondere Faszination des Tennis noch nicht erkannt. Fußball war damals der große Renner. Die Kicker hatten das Glück der

Faszination Tennis…

Stunde genutzt und waren schon 1954, unmittelbar in die Pionierzeit des Fernsehens hinein, Fußballweltmeister geworden. Talente, wie beispielsweise der Düsseldorfer Rolf Gehring oder der Essener Uli Pinner, blieben für die meisten Deutschen unentdeckt. Helga Niessen beispielsweise, die in der Weltrangliste des Jahres 1970 von dem damaligen Ranglisten-Papst Lance Tingay auf den vierten Platz gesetzt wurde – direkt hinter Margaret Court, Billie Jean King und Rosemarie Casals – und die auch 1971, 1973 und 1974 als Helga Masthoff noch unter den Top ten aufgeführt wurde, war nur Tennis-Insidern ein Begriff.

Der erste deutsche Masters-Titel

Wer erinnert sich heute noch an den Masterssieg einer gewissen Sylvia Hanika aus Ottendichl bei München, den sie 1982 im Madison Square Garden von New York gegen die damalige Weltranglistenerste Martina Navratilova holte? Auch die kleine Sensation bei den US Open 1973, als Helga Masthoff sich bis ins Halbfinale spielte, wurde in Deutschland kaum registriert.
Dabei war Tennis schon immer auch eine weibliche Angelegenheit. Viel früher als in anderen Sportarten bemächtigten sich die Frauen der Anlagen und Wettbewerbe. Für dieses Phänomen gibt es einleuchtende Gründe. Tennis lebt zum großen Teil von seiner Eleganz, der schwungvollen Bewegung. Tennisspielerinnen wie Suzanne Lenglen, die »Göttliche«, oder eben auch Helga Masthoff und Helga Hösl, haben neben vielen anderen optische Akzente gesetzt, die zum Nachahmen gereizt haben. Außerdem darf man nicht vergessen, daß gerade Tennis im Zeichen der verstärkten Emanzipations-Bemühungen den schnellsten Durchbruch versprach.
Neben diesen sportlich eleganten und gesellschaftspolitischen Aspekten aber hat Tennis eben auch das gewisse Etwas. Es ist ein herrliches Spiel, und es kann ein herrlicher Kampf sein – muß es aber nicht. Es darf dabei sehr sportlich zugehen, aber es kann auch an die besondere Atmosphäre eines gemütlichen Nachmittagsspazierganges erinnern. Es bietet immer das, was man sich selbst herausholt. Das ist wohl die besondere Faszination dieser Sportart.

Oben: Silvia Hanika gewann 1982 im New Yorker Madison Square Garden den Masterstitel.

Linke Seite: Damals war es eine Sensation – 1967 kam der Deutsche Wilhelm Bungert bis ins Wimbledon-Finale.

Es hing alles an einem dünnen Band

Der Durchbruch zum Publikumssport bedurfte eines Boris Becker, der so auf dem Platz agiert, wie es dem Leimener wohl wenige nachmachen werden. Erinnern Sie sich noch an sein Pech, als er 1984 bei seinem ersten Wimbledonstart in der dritten Runde den Favoriten Bill Scanlon am Wickel hatte und 2:1 nach Sätzen

Oben: Glückwünsche der Herzogin von Kent für den deutschen Wimbledon-Sieger Boris Becker, 1985.

Rechte Seite: Der Centre Court in Hamburg Rothenbaum, Austragungsort der Internationalen Meisterschaften von Deutschland und »Heimstätte« des deutschen Tennis Bundes.

führte, dann aber umknickte und sich das Band im linken Fußknöchel riß? Erinnern Sie sich noch daran, wie er ein Jahr später im Achtelfinale gegen den Amerikaner Tim Mayotte ebenfalls umknickte, die Hand hob als Zeichen der Aufgabe – und wie nur die verzweifelten Zurufe seines damaligen Coaches Günther Bosch ihn veranlaßten, erst den Turnierarzt kommen zu lassen und dann doch zu Ende zu spielen?

Günther Bosch selbst beschreibt diese Minuten eindrucksvoll in seinem Buch »Boris«: »›Weiter‹, brülle ich, ›du spielst weiter.‹ Ich weiß, was er aushalten kann, denn ich spiele da draußen mit ihm mit. Ich brauche keinen Arzt, um zu wissen, ob er sich verletzt hat.«

Bosch schreibt, er habe Beckers Bewegungen mitgemacht. Auch den Schritt, den er beim Umknicken machte. Er habe sofort gewußt, das war kein Bruch, kein Riß, auch keine Überdehnung. Es war ein ganz normales Umknicken. Aber Boris war verunsichert, er erinnerte sich an die Verletzung des vorangegangenen Jahrs. Er zog seinen Schuh und die Socke aus und wartete auf den Turnierarzt. In den Erinnerungen von Günther Bosch wird die Dramatik des Geschehens noch mal lebendig: »›Time‹, sagt der Schiedsrichter. Die drei Minuten Aus-Zeit sind vorüber. ›Wann kommt der Arzt?‹ brüllt Boris. ›Spiel weiter‹, schreie ich. Ion Tiriac sieht mich mit großen Augen an. Boris sieht mich mit den gleichen Augen an. Er hat große Schmerzen. Er zieht den Socken an, den Schuh an.«

Das Resultat ist bekannt. Boris Becker gewann in fünf Sätzen, nachdem er den im vierten Satz drohenden Matchverlust im Tiebreak abwehren konnte. Jeden Tag schalteten sich von da an mehr Zuschauer in die Fernsehübertragungen aus Wimbledon ein. Von Runde zu Runde zitterten immer mehr Deutsche mit diesem

Faszination Tennis...

Keiner freut sich so schön wie Boris Bekker. Seit seinem ersten Wimbledon-Sieg hat der deutsche Ausnahmespieler immer wieder einen Anlaß zum Jubeln gehabt – aber auch manchen Rückschlag überwunden.

17jährigen aus Leimen, der seine Fans auf harte Proben stellte.
In diesen Tagen ereignete sich in Wimbledon, in Deutschland und in der ganzen Welt das, was später im größten amerikanischen TV-Sender als »Beckermania« dargestellt wurde. Die Menschen zitterten, litten und freuten sich mit Boris Becker. Das war es, worauf sie alle gewartet hatten.
Unvergessen bleibt auch das Masters-Finale 1988 im Madison Square Garden gegen Ivan Lendl, Ortszeit 20 Uhr. In Deutschland war es zwei Uhr Montagmorgen. Die Bäcker schoben die ersten Brötchen in den Backofen. 20 Minuten vor sieben Uhr deutscher Zeit hatte Boris Becker im Tiebreak des fünften Satzes beim Stand von 6:5 den ersten Matchball. Viele Zuschauer in Deutschland waren die ganze Nacht vor den Bildschirmen gesessen.
Oder denken Sie an das Halbfinale gegen die USA 1989 in der Münchner Olympiahalle. Charly Steeb hatte gegen Brad Gilbert das erste Match verloren, Boris Bekker lag nach zwei verlorenen Tiebreak-Sätzen schon 0:2 gegen André Agassi zurück. Nach fast drei Stunden schlug der Amerikaner beim Stand von 6:5 zum Match auf. Erinnern Sie sich noch an Beckers blutende Knie und Ellenbogen, als er den Satz im Tiebreak doch noch gewann? Das Einzel wurde erst am folgenden Tag zu Ende gespielt und von Boris Becker im fünften Satz gewonnen. Am selben Tag spielte er auch noch erfolgreich das Doppel an der Seite von Eric Jelen.

Die »goldenen« 70er und 80er Jahre

Der Gerechtigkeit halber darf man nicht verschweigen, daß der eigentliche Aufschwung des Deutschen Tennis Bundes (DTB) schon Ende der 60er Jahre begann. Will man ganz gerecht sein, dann gebürt Wilhelm Bungert das Verdienst, Tennis in Deutschland beliebt gemacht zu haben. 1967 meldete der DTB noch nicht einmal 300.000 Mitglieder. Im Juli 1967 – an einem Samstag, weil damals auch für Tennisspieler in England der Sonntag noch heilig war – stand Wilhelm Bungert gegen den Australier John Newcombe im Finale von Wimbledon. Zum erstenmal in der Geschichte sahen Deutsche am Bildschirm einen Deutschen im Wimbledon-Finale. Wilhelm Bungert verlor glatt in drei Sätzen. Aber Deutschland war zum erstenmal im Tennisfieber.
Man kann es an den Mitgliederzahlen des Verbandes nachvollziehen. Bis 1975 verdoppelte sich der Bestand, und drei Jahre später hatte der DTB mehr als eine Million Beitragszahler. Doch der Boom hielt an. 1984, ein Jahr vor Boris Beckers Wimbledonsieg, verzeichnete der DTB 1,6 Millionen Mitglieder, fünf Jahre später waren es schon mehr als zwei Millionen.
Heute kann man sich über *Doppelfehler, überrissene Rückhände* und *Asse* mit fast jedem Menschen unterhalten. An einer Hotelbar, in der U-Bahn oder im Intercity zwischen Köln und Frankfurt. Seit Boris Beckers erstem Wimbledonsieg 1985 ist Tennis Volkssport in Deutschland. Tennis ist zum Marketingobjekt der Industrie geworden – und Tennis selbst zum Millionengeschäft.

1988 – das »deutsche Tennis-Jahr«

1988 ist als das »deutsche Jahr« in die Tennisgeschichte eingegangen – und es war vor allem das Jahr der Steffi Graf, die als erste Spielerin in der Geschichte den »Golden Slam« gewann: die Siege bei den vier großen Turnieren in Melbourne, Paris, Wimbledon und New York sowie die Goldmedaille in Seoul.

23. Januar:	Steffi Graf gewinnt gegen Chris Evert 6:1, 7:6 die Australian Open.
2. April:	Boris Becker schlägt im Finale der WCT-Weltmeisterschaften in Dallas den Schweden Stefan Edberg mit 6:4, 1:6, 7:5, 6:2.
4. Juni:	Steffi Graf gewinnt zum zweitenmal in Paris die French Open. Sie schlägt im Finale die Russin Natalia Zvereva 6:0, 6:0.
2. Juli:	Steffi Graf gewinnt in Wimbledon im Finale gegen Martina Navratilova mit 5:7, 6:2, 6:1.
10. September:	Steffi Graf gewinnt in Flushing Meadow das Finale um die US Open gegen die Argentinierin Gabriela Sabatini mit 6:3, 3:6, 6:1 und damit den *Grand Slam:* Sie ist die dritte Spielerin in der Geschichte, der es nach Maureen Conolly (1953) und Margaret Court-Smith (1970) gelingt, sich in einem Jahr alle vier Grand-Slam-Titel (Australian und French Open sowie Wimbledon und die US Open) zu holen.
1. Oktober:	Steffi Graf gewinnt das Olympiafinale in Seoul gegen Gabriela Sabatini mit 6:3, 6:3 – das bedeutet für sie den *Golden Slam!*
5. Dezember:	Boris Becker schlägt im Masters-Finale im New Yorker Madison Square Garden den Tschechen Ivan Lendl mit 5:7, 7:6, 3:6, 6:2, 7:6 und holt diesen Titel zum erstenmal nach Deutschland.
17. Dezember:	Boris Becker und Eric Jelen schlagen das schwedische Doppel Stefan Edberg und Anders Järryd in Göteborg mit 3:6, 2:6, 7:5, 6:3, 6:2 und bringen Deutschland im Daviscup-Finale damit 3:0 in Führung. Zum erstenmal in der 88jährigen Davis-Cup-Geschichte gewinnt Deutschland die inoffizielle Mannschafts-Weltmeisterschaft.

Chronologie der Ereignisse vom 23. Januar, als Steffi Graf die Australian Open gewann, bis zum 17. Dezember, als Boris Becker und Eric Jelen das schwedische Doppel in Göteborg bezwangen und damit die Daviscup-Sensation perfekt machten: 1988 war das erfolgreichste Jahr der deutschen Tennisgeschichte.

Der deutsche Tennis-Boom

Diese deutsche Erfolgsserie blieb nicht ohne Folgen. 1988 traf sich die Tennis-Weltelite beiderlei Geschlechts achtmal auf deutschem Boden bei Turnieren in Hamburg, München, Stuttgart, Düsseldorf, Berlin und Frankfurt, um sich ein Preisgeld von 2,6 Millionen Dollar zu teilen. 1992 hatte sich das Preisgeld versechsfacht und die Zahl der offiziellen Turniere der ITF *(International Tennis Federation)*, der ATP *(Association of Tennis Professional)* sowie des Damen-Circuit der WTA *(Women's Tennis Association)* in Deutschland auf 13 erhöht.

Turniere und Preisgelder 1992:

3. bis 9. Februar:	WTA GP, Essen, 350.000 $
17. bis 23. Februar:	ATP GP in Stuttgart, 1.040.000 $
27. April bis 3. Mai:	WTA GP, Hamburg, 350.000 $
27. April bis 3. Mai:	ATP GP, München, 300.000 $
4. bis 10. Mai:	»Internationale Meisterschaften von Deutschland«, ATP GP, Hamburg, 1.250.000 $
11. bis 17. Mai:	»Internationale Meisterschaften von Deutschland«, WTA GP, Berlin, 550.000 $
18. bis 24. Mai:	»World Team Cup«, ATP, Düsseldof, 1.377.500 $
13. bis 19. Juli:	ATP GP, Stuttgart, 1.040.000 $
28. September bis 4. Oktober:	WTA GP, Leipzig, 225.000 $
12. bis 18. Oktober:	WTA GP, Stuttgart-Filderstadt, 350.000 $
12. bis 18. Oktober:	ATP GP, Berlin, 315.000 $
23. bis 29. November:	ATP-Finale, Frankfurt, 2.500.000 $
8. bis 13. Dezember:	ITF, Grand Slam Cup, München, 6.000.000 $.
	= 15,6 Millionen $

In dieser Aufstellung ist der Federation-Cup nicht berücksichtigt. Trotzdem zeigt diese Liste, in welchem Maß Deutschland durch die internationalen Erfolge seiner Spitzenstars an Gewicht gewonnen hat.

In vier Jahren versechsfachte sich die Gesamtsumme der Preisgelder, die es für die internationale Tennis-Elite beiderlei Geschlechts auf deutschem Boden zu gewinnen gibt.

Daß es heute Tennisturniere gibt, in denen eine Million Dollar und mehr an Preisgeldern ausgeschüttet werden können, daß eine Veranstaltung wie der Grand Slam Cup in München möglich wurde, bei dem der Sieger alleine zwei Millionen Dollar kassieren kann und insgesamt sechs Millionen Dollar an Preisgeld zur Verfügung steht, ist nicht zuletzt auf diesen jungen Mann aus Leimen in Baden zurückzuführen. Nicht auszudenken, was passiert wäre, wenn Boris Bekker damals gegen den Amerikaner Tim Mayotte in Wimbledon seinen Schuh nicht wieder angezogen hätte.

Mehr als drei Jahre lang war sie die Nummer eins der Tennis-Welt – Steffi Graf aus Brühl.

Linke Seite: 1988 gewann Steffi Graf in Seoul die Goldmedaille.

Vom Götterkampf und von blaublütigen Zockern

Geld war immer schon im Tennisspiel. Das hat kein McCormack erfunden und auch kein Ion Tiriac. Bereits im Mittelalter wurde der Ball nur geschlagen, wenn es klingende Münze zu gewinnen gab, und selbst Könige gingen nur dann zum Tennis, wenn sich der Einsatz lohnte. Anfangs spielte man Tennis mit der bloßen Hand, erst im 16. Jahrhundert wird zum erstenmal die *rachetta,* das Racket, erwähnt.

Schon gegen Ende des 13. Jahrhunderts erschien in Frankreich ein Roman mit dem Titel »Ystoire du roy Apollonius de Tire«. Der Held des Romans ist ein junger kräftiger Prinz aus dem Libanon, der vor seinen Gegnern fliehen mußte und als Schiffbrüchiger gerade zu jener Zeit an der Küste von Nordafrika angeschwemmt wurde, als Archestrates, ein Vorfahre Gaddafis, in Kyrene eine Art Mini-Olympiade veranstaltete. Ein glücklicher Zufall wollte es, daß Apollonius von Tyrus, wie angeblich alle Prinzen in jenen Tagen, im Umgang mit dem Tennisball prächtig geschult war und daß ausgerechnet Tennis – neben Ringen, Laufen und Steinstoßen – zum offiziellen Wettkampfprogramm gehörte.

Der junge Prinz aus dem Libanon fand einen Sponsor in Gestalt eines Fischers, der ihm mit einem Gewand aushalf, damit er seine Blöße bedecken konnte – auch darin ähnelt unser antiker Held durchaus den modernen Tennisathleten. In den geschenkten Kleidern schlug sich der Königssohn so prächtig, daß er das Finale erreichte, wo er auf eben jenen Archestrates traf, der nicht nur Turnierveranstalter, sondern auch König von Kyrene und Vater einer Tochter im heiratsfähigen Alter war. Es gab tatsächlich ein Happy-End. Apollonius gewann das Turnier und die Zuneigung der Königstochter, deren Name nichts zur Sache tut. Die beiden heirateten auf der Stelle. Womit bewiesen ist, daß auch in der Frühzeit des Tennis die Turnierpreise schon sehr lukrativ waren. Über eine Revanche oder Titelverteidigung aber schweigt sich der Autor aus.

Eine wunderbare Geschichte, allerdings darf man sich der Kritik nicht verschließen, daß dieser Roman kein wirklicher Beweis dafür ist, daß schon in der Antike Tennis gespielt wurde, wie es der Autor in seinem Werk kühn behauptet. Es wird wohl so sein, daß der leider unbekannt gebliebene Poet einige dichterische Freiheit für sich in Anspruch nahm und zugleich aus dem Erfahrungsschatz seiner direkten Umwelt schöpfte. Man kann also davon ausgehen, daß bereits gegen Ende des 13. Jahrhunderts auf vielen Marktplätzen in Frankreich Tennis in der Form gespielt wurde, wie es der Schriftsteller seinem Helden, dem Königssohn aus Tyrus, angedichtet hat. Obwohl eine exakte Schilderung eventueller Regeln oder Techniken fehlt, muß es damals auf den zu Tennisplätzen umfunktionierten Markt- und Kirchplätzen schon höchst dramatisch zugegangen sein. Wie sonst hätte der Autor seine Romanhelden in der antiken Hauptstadt der ägyptischen Kolonie Kyrene so Tennis spielen lassen können, daß dabei »der Ball aus schwieriger Lage, in die der Rückschläger durch seinen Gegner gebracht worden war«, zurückbefördert werden mußte, und daß es »dazu großer Schnelligkeit« bedurfte?

Schon bei den alten Ägyptern soll »Tennis« eine gewisse Rolle gespielt haben. Aus sportlicher Sicht dürfte es sich dabei um eher langweilige Veranstaltungen gehandelt haben – das Ergebnis stand jeweils von Anfang an fest.

Linke Seite: Ein frühes Zeugnis sportlicher Betätigung und ein Hinweis darauf, daß Ballspiele wohl so alt sind wie die Menschheit selbst, ist dieses vorchristliche Marmorrelief (500 v. Chr.)

Oben und rechte Seite: Wer würde nicht dem zeichnerischen Charme des Franzosen A. Guilleaume erliegen, der sich auch Steinzeitmenschen als »Tennisspieler« vorstellen konnte?

Nicht viel anders sieht es auch heute aus, wenn Boris Becker auf dem Platz ist. Die Schilderung stammt jedoch aus dem 13. Jahrhundert und sie beschreibt einen Vorgang, der in der Antike stattgefunden haben soll.

Kampf um Fruchtbarkeit

Es gibt aber auch Forscher, die der Überzeugung sind, daß Tennis sogar schon bei den alten Ägyptern eine wesentliche Rolle spielte. Robert William Henderson, Bibliothekar in New York, hat nach Beendigung des Zweiten Weltkriegs ein Buch mit dem Titel »Ball, Bat and Bishop« herausgebracht, in dem er die These aufstellt, daß der Tennisball sozusagen von ägyptischen Gottheiten ins Rollen gebracht worden ist. Gottheiten, die einander feindlich gesonnen waren: hier Isis und Osiris mit ihrem Sohn Horus als Repräsentanten der Fruchtbarkeit, dort der böse Gott Seth. Henderson kam auf die Idee, den Fruchtbarkeitsritus mit dem Tennis zu verknüpfen, weil Ballspiele im Mittelalter immer wieder als Bestandteil von Hochzeitsfeiern erwähnt werden. Er schloß daraus, daß die alten Ägypter den Streit ihrer Götter um die Fruchtbarkeit einem Ballspiel zugrunde legten, in dem zwei Parteien stellvertretend für die streitbaren Götter agierten. Dabei repräsentierte der Ball den menschlichen Kopf, in dem, jedenfalls behauptet das jener Mister Henderson, die alten Ägypter das Zentrum der Fruchtbarkeit vermuteten.

Das Ergebnis stand nach Herrn Hendersons Meinung schon vorher fest. Die »Götter-Mannschaft«, die die Fruchtbarkeit zu vertreten hatte, siegte immer. So seien die guten Götter mit Zuversicht erfüllt, der niederträchtige Gott Seth hingegen mit schöner Regelmäßigkeit demoralisiert worden. Aus sportlicher Sicht müssen das langweilige Veranstaltungen gewesen sein, die da für das Volk der Pyramidenbauer zelebriert wurden...

Akribisch zeichnete Henderson auf, wie Tennis schließlich nach Wimbledon und Flushing Meadow gekommen sein könnte. Zuerst exportierten die Perser es als Polo in die Mongolei, von wo aus es über die Beringstraße nach Amerika gelangt sein soll. Die Araber brachten die ägyptischen Ballspiele demnach in das maurische Spanien, wo sie bald von den Franzosen entdeckt wurden, die es nun ihrerseits den Briten als Kulturgut vermittelt haben sollen. Nach Nordamerika schließlich kam es mit den Auswanderern, die mit der Mayflower auch die Kunde vom Tennis aus der guten alten Welt über den Ozean brachten.

Tennis »zum Wohle der Gemeinschaft«

Der deutsche Sprachwissenschaftler Heiner Gillmeister, Dozent an der Universität von Bonn, ist dem Tennis auf ganz andere Weise buchstäblich bis an die Wurzel gegangen. In seinem Buch »Kulturgeschichte des Tennis« kommt er zu schlüssigen Erklärungen: Danach wurden im Mittelalter bei Hochzeiten Ballspiele ausgetragen, die den Zweck hatten, das Ereignis dem Gedächtnis aller Beteiligten fest einzuprägen und so den Fortbestand des »mit Worten beschworenen Vertrages« zu sichern – zum Wohle der Gemeinschaft.

Wie Heiner Gillmeister belegt, war es zuvor bei solchen Anlässen üblich gewesen, durchaus tatkräftig zu Werke zu gehen und handgreiflich zu werden. Dabei mußte so mancher tapfere Mann »über die Klinge springen«, bis sich irgendwann doch noch die Erkenntnis durchsetzte, daß sich zivilisierte Menschen nicht bei jeder Hochzeit die Köpfe einschlagen können, nur um einem Heiratsvertrag eine lange Lebensdauer zu sichern. Es konnte ja immerhin vorkommen, daß sich unter den Opfern auch der Bräutigam befand – was die Laufzeit des gerade erst abgeschlossenen Vertrages dramatisch verkürzte. Also griff man auf weniger gefährliche Formen der Auseinandersetzung zurück. Erst kam Fußball ins Spiel, und später Tennis. Offenbar gab es in früheren Zeiten einige verblüffende Parallelen zwischen diesen heute so verschiedenen Sportarten. Immerhin bleibt festzuhalten, daß auch im Mittelalter Fußball *vor* dem Tennis rangierte – bis Tennis von der High-Society entdeckt wurde.

Dreiecksspiele in Badehäusern

Große Verdienste um die Erforschung der Tennis-Quellen erwarb sich der italienische Journalist Gianni Clerici aus Como. In seinem Werk »500 Jahre Tennis« schildert er, wie er auf das handgeschriebene Buch »Trattato del Givoco della Palla« (Herkunft des Ballspiels) von Antonio Scaino da Salò, des ersten nennenswerten Sport-Philosophen der Geschichte stieß. Das Buch stammt aus dem Jahre 1555. Darin schildert der Autor, wie die Römer ihre Freizeit in Badehäusern unter anderem mit tennisähnlichen Ballspielen verbrachten. Zwölf Jahre später, 1567, erschien in Venedig das Buch »De Arte Gymnastica« von Mercurialis. Diesem Zeitgenossen Scainos ist es zu verdanken, daß wir uns heute mehr unter den geschilderten Ballspielen, etwa des *pila trigonalis,* vorstellen können. Daß es sich dabei um eine tennissportähnliche Betä-

Wird damit bereits ein Return beschrieben? In dem 1567 in Venedig erschienenen Buch »De Arte Gymnastica« heißt es: »Wenn du weißt meinen Ball zu erwidern mit schneller linker Hand, bin ich dein. – Du kannst es nicht? Dann gib es auf, du linkischer Clown.«

Im Mittelalter wurde Tennis gelegentlich sogar »mit Gottes Segen« gespielt: Weil den Äbten aber daran gelegen war, daß sich die Mönche nicht in aller Öffentlichkeit sportlich betätigten, zogen sich diese hinter ihre Klostermauern zurück und spielten zwischen den Kreuzgängen.

tigung gehandelt haben kann, belegt die Übersetzung eines der Verse aus dem Buch: »Wenn du weißt meinen Ball zu erwidern mit schneller linker Hand, bin ich dein. – Du kannst es nicht? Dann gib es auf, du linkischer Clown.«

Es scheint klar zu sein, daß der Ball mit der Hand zurückgeschlagen *(returniert)* werden mußte und, wie alte Abbildungen belegen, ähnlich wie beim heutigen Volleyball, mit der Handfläche nach oben zurückgespielt wurde. Der zitierte Vers beweist auch, daß schon damals jemand, der nicht geschickt mit dem Ball umgehen konnte, sich den Spott seiner Freunde zuzog. Ein anderer Vers läßt vermuten, daß es aber auch Mitspieler gab, die sich großzügig verhielten: »Er empfängt den warmen ›trigon‹ (Ball) mit linker oder rechter Hand und verschenkt dir die Punkte, die er selber hätte ernten sollen.«

Gianni Clerici kommt übrigens zu der Überzeugung, daß schon die Römer vor Christi sehr wohl vom Gebrauch des *Rakkets* (Schläger) wußten.

Manche Philologen haben diese Erklärung für das Wort »rachetta« zur Hand: Sie führen es auf *reticulum* zurück (kürzer: *rete* oder *Netz*) – daraus folgt *retichetta* und schließlich *rachetta,* der Schläger. Clerici meint, das englische Wort *Racket* könnte möglicherweise vom arabischen *ràhat* (Handfläche) abstammen, während Gillmeister glaubt, daß das englische *racket* auf ein nicht belegtes flämisches Wort, *raketse,* zurückzuführen ist; einen Hinweis auf Rackets konnte er erst im 16. Jahrhundert finden. Gianni Clerici dagegen fand schon im 14. Jahrhundert Informationen über Rakkets, wenn auch nicht mit einer saitenähnlichen Bespannung, sondern in Form von Schlagbrettern.

Verborgen hinter dicken Mauern

Im Mittelalter entpuppte sich Tennis bald als einträgliches, manchmal allerdings auch kostspieliges Hobby. Die Tatsache, daß sich die Mönche in den Klöstern die Zeit mit Ballspielen vertrieben, führte wohl dazu, daß anfangs Zwischendächer in den Regeln eine ganz besondere Bedeutung hatten: Bei dem heute noch in Großbritannien und Schottland gespielten *real tennis* wird der Ball beim Aufschlag zuerst auf ein Dach gespielt, von wo aus der Ball dann ins Spielfeld zurückspringt. Man kennt auch zahlreiche Hinweise darauf, daß es spezielle Wertungen gab, weil der Ball beim *jeu de paume* oder *royal tennis* in bestimmte Ziele (Tore) wie beim Fußball gespielt werden mußte. Weil den Äbten daran lag, daß sich die Mönche bei ihrer sportlichen Freizeitgestaltung nicht vor aller Augen in der Öffentlichkeit austobten, zogen sich die Mönche hinter ihre Klostermauern zurück und spielten zwischen den Kreuzgängen. Da diese zum Teil mit prächtigen Torbögen und Verzierungen ausgestattet waren, reicherten die Mönche ihr Spiel mit zusätzlichen Wertungen für Treffer in vorbestimmte Ziele, sprich Torbögen und Fensterlöcher, an. So kamen auch die Überdachungen dieser Umgänge in den Innenhöfen der Klöster mit ins Spiel.

Fünfzehnfachen Lohn für eine gute Tat

Das Vorurteil, daß Tennis als »Spiel der Könige« erfunden worden sei, ist kaum haltbar, wenngleich sich die Tenniserlebnisse gekrönter Häupter vielleicht immer noch schneller herumsprachen als die Siege und Niederlagen der Mönche – schon deshalb, weil es dem Image der Gottesdiener nicht gut zur Kutte stand, wenn das gewöhnliche Volk erfuhr, daß die Mönche (deren Lebensunterhalt sie in der Regel mit der Abgabe eines »Zehnten« ihrer Ernte finanzieren mußten), noch anderes hinter den dicken Klostermauern im Sinn hatten, als nur für ihr Seelenheil zu beten.

Dem schon erwähnten Antonio Scaino aus Salò verdanken wir auch unser Wissen, nach welchen Regeln man beim englischen *real* oder *royal tennis* oder beim *jeu de paume* der Franzosen gespielt haben könnte: »Das Scharmützel beginnt auf eine der folgenden Weisen«, heißt es bei ihm, »entweder läßt der Spieler, der den Beginn macht, den Ball auf den Boden aufspringen und schlägt ihn dann, oder einer der Gegner plaziert ihn über die Schnur an eine bestimmte Stelle, die auf dem Boden markiert ist, oder an der hölzernen Decke des Raums. Der Empfänger nimmt den Ball entweder in der Luft oder nach einmaligem Aufschlagen auf den Boden.«

Sogar die merkwürdige 15er-Zählweise beim Tennis versucht er in seinem 1555 erschienenen Buch zu erklären. Hilfreicher sind aber wohl die von Gillmeister gefundenen Spuren, die belegen, daß man sich bereits im Mittelalter über die seltsame Arithmetik im Tennis mokierte. Zum Beispiel zitiert er aus der »Agincourt-Ballade«, die schon kurz nach 1415 entstanden ist: »Genauso wie der Tennisspieler mit einem Schlage fünfzehn gewinnt, so erhalten diejenigen, welche das Recht und die Gerechtigkeit fördern, für eine gute Tat fünfzehnfachen Lohn oder mehr. Denn wenn schon die Erde, in welche der Mensch sein Saatgut sät, von einer Saat vielfache Saat zurückerstattet, dann ist es nur recht, daß Gott gleich den Tennisspielern mannigfach entlohnt.«

»Love« und andere Ungereimtheiten

Vielleicht ist diese 15-30-45-60-Zählweise aber auch darauf zurückzuführen, daß im Mittelalter immer um Geld gespielt wurde. So wäre es denkbar, daß man in Frankreich jeweils um einen »gros denier tournois« gespielt hat, eine Münze, die Anfang des 14. Jahrhunderts etwa 15 Pfennige wert war. Auch aus Deutschland gibt es entsprechende Hinweise, wo beispielsweise Ende des 13. Jahrhunderts die Stadt Nürnberg eine Verordnung herausgegeben hat, mit der die Bürger aufgefordert werden, bei ihren Spielen »nicht um mehr als sechzig Heller zu spielen und um kein Ding oder Gut über sechzig Pfennig«. Im Münchner Stadtrecht von 1365 ist der Einsatz gar eindeutig auf »sechzig Denare« beschränkt worden. Der Schluß liegt also nahe, daß in jener Zeit Spiele, in denen mehr als sechzig deniers eingesetzt werden mußten, verboten waren, was sich womöglich auch auf das Tennis ausgewirkt hat.

Eine alte englische Redensart lautet übrigens: »Neither for love, nor for money« – »Weder zum Spaß, noch für Geld«. Es könnte folglich durchaus sein, daß der Spieler, der keinen Punkt erreichte, *for love,* also nur *zum Spaß* gespielt hat und ohne Geld geblieben ist; jedenfalls wäre das eine einleuchtende Erklärung für die ansonsten unsinnig erscheinende Bezeichnung *love* im Tennis.

Der deutsche Wissenschaftler aber gab sich auch damit noch nicht zufrieden. Er fand heraus, daß es im Niederländischen *omme lof* hieß, wenn man etwas nur zur Ehre getan hatte, und daß es damit zum englischen *love* nicht mehr weit war.

»Neither for love, nor for money« – »Weder zum Spaß noch für Geld« lautet eine alte englische Redensart, die womöglich den Begriff »love« im Tennis erklärt: Danach hätte derjenige Spieler, der keinen Punkt erzielen konnte, »for love« – »nur zum Spaß« – gespielt.

So stellte sich der britische Major Walter Clopton Wingfield 1874 einen Tennisplatz vor.

Honorar für des Königs Trainer

Wie dem auch sei, ausreichend belegt ist jedenfalls die Vermutung, daß schon immer viel Geld im Tennisspiel war. Das private Haushaltsbuch von König Heinrich VII. von England legt dafür ein eindeutiges Zeugnis ab. Darin ist sauber verbucht, daß der König zum Beispiel am 13. Juni 1494 ohne nähere Angabe von Gründen an einen spanischen Tennisspieler vier Pfund gezahlt hat. Dabei dürfte es sich um ein Honorar für Tennisstunden gehandelt haben. Am 14. August desselben Jahres mußte er nach Niederlagen gegen Sir Charles Somerset und Sir Robert Curson »samt Ballgeld« die bescheidene Summe von 1 Pfund, 7 Shilling und 8 Pence entrichten. Am 30. August 1497 zahlte er gar an einen gewissen Herrn Jack Haute »fürs Tennisspielen 10 Pfund«. Entweder handelte es sich bei diesem Bürgerlichen ebenfalls um einen Tennislehrer oder um einen Nachwuchsstar aus der Provinz, der des Königs Aufmerksamkeit durch sein großes Talent erregt hatte.

Das Patent des Major Wingfield

Der englische Major Clopton Wingfield erspähte 1873 eine Marktlücke, weil es für das immer mehr in Mode kommende »Court-Tennis« noch kein standardisiertes Spielgerät zu kaufen gab. Also meldete er ein Spiel namens *sphairistiké* zum Patent an und bot seine Idee auch feil. Man könnte ihn wohl als Erfinder des Versandhandels bezeichnen. Am 21. März 1874 forderte Wingfield die Leser der Zeitung »The Field« auf, sich bei ihm Informationen über die neue Sportart zu bestellen und dafür 6 Pence in Briefmarken einzuschicken. Er verriet bei dieser Gelegenheit auch, daß man zur Ausübung dieser Sportart »einen Platz« benötige, »vier Schläger und eine Anzahl Bälle, die man von der Firma French & Co. für fünf Guineas (fünf Pfund, fünf Shilling) beziehen könne.

Der Major versprach den Kunden, daß seine Ausrüstung jedem Leser, der an dem Sport interessiert sei, »absolute Zufriedenheit« garantiere, und erklärte sein Patent mit den folgenden Worten: »Ich setze zwei Pfosten in den Boden, etwa 20 Fuß voneinander entfernt. Dazwischen spanne ich ein Netz. An jedem der beiden Pfosten spanne ich ein dreieckiges Netz, die von den Pfosten in zwei gleichgroße Dreiecke geteilt werden. Diese dreieckigen Netze bilden die seitliche Begrenzung des Spielfeldes. Die Netze werden durch Schnüre und Pflöcke im Boden festgehalten.«

Wer sich Wingfields Patent schicken ließ, erhielt eine Holzkiste, in der sich eine Rolle Schnur, mehrere Nägel und Pflöcke sowie ein Hammer befanden. Das Geschäft florierte, aber es gab bald Ärger, weil der Erfolg auch Neider auf den Plan rief. Als besonders hartnäckig entpuppte sich dabei ein gewisser Mr. Hale, der ihm sein Patent streitig machte. Bis schließlich der Sekretär des mächtigen *Maryle-*

Ein »stolzer Erfinder«, der mehr an der kommerziellen Auswertung des Tennisspiels als an dessen sportlichen Aspekten interessiert war: Major Walter Clopton Wingfield.

bone Cricket Club, Mr. R. H. Fitzgerald, den Vorschlag machte, durch einen vergleichenden Test am 3. März 1875 das bessere Spiel zu ermitteln. Diesen Test gewann Major Wingfield ganz eindeutig. Zugleich bot der Clubsekretär an, sich um die Regeln zu kümmern, die von dem Major bis dahin nur sehr dürftig festgelegt worden waren.

Die Entdeckung des Fußfehlers

Nur der Aufschläger konnte nach Wingfields Vorschriften einen Punkt gewinnen. Machte er jedoch einen Fehler, wechselte das Aufschlagrecht zum Gegner.

Diese Regeln werden auch heute noch im Squash und Volleyball angewendet.

Mr. Fitzgerald änderte gemeinsam mit fünf weiteren Experten Wingfields Regeln entscheidend ab, und vieles davon hat auch heute noch Gültigkeit. So führten sie den *Aufschlagfehler* und *Aufschlagfelder* ein. Der Aufschläger mußte mit einem Fuß außerhalb der Grundlinie stehen. Landete der Ball im Netz, erhielt der Gegner das *Aufschlagrecht,* prallte er außerhalb des dafür vorgesehenen Feldes auf, bedeutete das den Verlust eines Punktes.

Wimbledon wird erfunden

Major Wingfield konnte sich nur drei Monate lang über seinen Sieg freuen. In Wimbledon hatte der *All England Croquet Club* einen Platz hergerichtet, der nur für *Lawn Tennis* und *Badminton* reserviert war. Die Herren C. G. Heathcote und Julian Marshall hatten sich die Regeln nochmals vorgeknöpft und sie völlig auf den Kopf gestellt. Das Spielfeld war nun nicht mehr sanduhrförmig, sondern rechteckig, Wingfields Zählsystem wurde durch das alte des *Court Tennis,* auch *Royal* und *Real Tennis,* ersetzt, mit 14, 30 und 45 Punkten. Nach jedem Satz wurden die Seiten gewechselt, der Satz war bei 6 zu Ende, auch wenn ein Gleich-

Am 19. Juli 1877 wurde im »All England Croquet and Lawn Tennis Club« das erste Wimbledon-Finale ausgetragen. 200 Zuschauer bezahlten damals je einen Shilling Eintritt.

Vielleicht die erste bildnerische Darstellung eines Damen-Doppels (Punch, 1874).

Das erste Wimbledon-Turnier endete nicht wie geplant am 12. Juli 1877, sondern erst am Donnerstag, dem 19., weil es zugunsten eines Kricketspiels unterbrochen werden mußte. Spencer W. Gore, der erste Wimbledon-Champion, beklagte sich später darüber, daß die Schiedsrichter ein Drittel seiner Aufschläge falsch gesehen hätten...

stand bei 5:5 bestanden hatte. 1883 wurden die neuen Regeln noch einmal geringfügig verändert. Das Netz wurde dabei niedriger gemacht, die Aufschlaglinie rückte näher an das Netz heran und der Aufschläger mußte nun mit beiden Beinen hinter die Grundlinie zurück.

Inzwischen war Tennis in Wimbledon schon zur Institution geworden. 1877 hatte der *All England Croquet and Lawn Tennis Club,* wie er sich jetzt nannte, ein Tennisturnier ausgeschrieben, um mit den Einnahmen aus den zu erwartenden Start- und Eintrittsgeldern die Reparatur der Rasenwalze zu finanzieren. Dieses Turnier begann am 9. Juli 1877 und endete nicht wie geplant am 12., sondern erst am Donnerstag, dem 19. Juli, weil man das Turnier wegen eines Cricketspiels zwischen Harrow und Eaton unterbrach. Erster Wimbledon-Champion wurde ein gewisser Spencer W. Gore, der sich allerdings ausgesprochen unzufrieden mit den neuen Regeln zeigte: »Das war doch ein furchtbares Durcheinander! Selbst die Schiedsrichter kamen damit nicht zurecht – sie haben ein Drittel meiner Aufschläge falsch gesehen.«

Ein Jahr später verlor Gore als Titelverteidiger gegen seinen Herausforderer, Mr. Frank Hadow, der sich – so wollte es die ab der zweiten Meisterschaft gültige Regel – das Recht, den Titelverteidiger herausfordern zu dürfen, im Turnier erworben hatte. Der Titelverteidiger brauchte also nur im Finale anzutreten.

Frank Hadow würde man wohl am besten als defensiven Grundlinienspieler charakterisieren. Der offensiv spielende Titelverteidiger hatte ihn schlicht und einfach unterschätzt. Man kann getrost behaupten, daß der zweite Wimbledon-Champion Hadow den *Lob* erfunden hat. Ihm blieb auch gar nichts anderes übrig, denn der großgewachsene Spencer W. Gore stand ständig wie ein Baum am Netz, kaum zu passieren. Gegen die hohen Bälle des Kaffeepflanzers aus Ceylon war der erste Wimbledon-Champion trotz seiner Reichweite machtlos. Im Jahr darauf fiel die Herausforderungsrunde aus, da der Titelverteidiger erst 1926 zum 50jährigen Jubiläumsturnier wieder in Wimbledon gesehen wurde. Da hatte Tennis bereits seinen Siegeszug um die Welt angetreten.

Den Umständen, daß sich Kirchenfürsten bei ihren Ballspielen nicht der Öffentlichkeit zeigen wollten, ein britischer Major eine gute Nase für gute Geschäfte bewies und ein Krocket-Club bei London die Reparatur seiner Rasenwalze nicht bezahlen konnte, verdanken wir Tennis und Wimbledon.

Die Gründung des Deutschen Lawn-Tennis-Bundes

Mit Wingfields patentierter Holzkiste kam im Jahr 1874 *Lawn Tennis* auch nach Deutschland; genauer gesagt nach Bad Homburg, einem renommierten Kurort vor den Toren Frankfurts. Dem Engländer Sir Robert Anstruther gebührt das Verdienst, 1876 das erste *Lawn Tennis Turnier* auf deutschem Boden im Kurpark von Bad Homburg durchgeführt zu haben. Schon gegen Ende der siebziger Jahre begann man auch in Baden-Baden auf der Kurwiese mit dem Tennis. 1881 wurde mit dem *Baden-Baden L.T.C.* der erste Tennisclub in Deutschland gegründet, und schon 1882 baute man nach englischem Vorbild in Baden-Baden die ersten fünf Rasenplätze.

Fünf Jahre später gab es auch in Hamburg einen Tennisverein. Die Eisbahnvereine *Vor dem Dammtor* und *Auf der Uhlenhorst* hatten von der Stadt Hamburg ein Gelände zwischen Rothenbaum-Chaussee und Mittelweg gepachtet und dort neben Laufbahnen und Rennradpisten auch Tennisplätze eingerichtet. Initiator war der Kaufmann Carl August von der Meden, der als junger Mensch zehn Jahre in England zugebracht und dort seine besondere Liebe zum *Lawn Tennis* entwikkelt hatte.

Am 19. Mai 1902 gründete sich im Berliner Palast-Hotel der *Deutsche Lawn-Tennis-Bund.* Erster Präsident wurde der Hamburger Carl August von der Meden. Die ebenfalls vom ersten Verbandspräsidenten geleitete Hamburger *Lawn-Tennis-Gilde* erhielt für ihre Verdienste um den *Lawn-Tennis-Sport* auf Dauer das Recht zur Austragung der deutschen Meisterschaftsturniere. Deshalb werden die Internationalen Meisterschaften von Deutschland auch heute noch am Rothenbaum ausgetragen, und dort hat auch der Deutsche Tennis Bund (DTB) nach Umwegen von Berlin über Hannover endgültig seine Heimat gefunden.

Inzwischen ist der Deutsche Tennis Bund mit mehr als zwei Millionen Mitgliedern der größte Tennisverband der Welt. An den Gründer erinnern jährlich die Mannschaftspunktspielrunden, die als »Medenspiele« seinen Namen tragen.

Der Engländer Sir Robert Anstruther inszenierte 1876 das erste Tennisturnier auf deutschem Boden. Von Bad Homburg aus wanderte Tennis nach Baden-Baden, wo 1881 der erste Tennisclub Deutschlands gegründet wurde. 1886 hatte auch Hamburg einen Tennisverein, und 1902 gründete sich in Berlin der Deutsche Lawn-Tennis-Bund. Erster Präsident wurde Carl August von der Meden.

1876 wurde in Bad Homburg das erste Tennisturnier auf deutschem Boden ausgetragen, 1881 in Baden-Baden der erste Tennisclub Deutschlands gegründet, und 1902 wurde in Berlin der Deutsche Lawn-Tennis-Bund ins Leben gerufen – heute der größte Tennisverband der Welt.

Ganz im Sinne des »Erfinders« Wingfield: »Tennis« auf dem Eis (Punch, 1874).

Zeittafel

12. Jh. Kirchendokumente erwähnen erstmals »paume«, das Vorläuferspiel des Tennis.

16. Jh. Der Begriff »rachetta« (Racket) taucht zum erstenmal in der Literatur auf.

1555 Antonio Scaino da Salò schildert erstmals in seinem Buch »Trattata del Givoco della Palla di Messer« (Herkunft des Ballspiels) Spielregeln tennisähnlicher Ballspiele.

1576 Der Maler Gambuce stellt das Gemälde »Erste Tennisstunde« fertig und belegt damit den Gebrauch von Tennisrackets.

1607 John Norden entwirft den »Tennys Court« von Windsor, der weitgehend dem entspricht, worauf man bis 1870 »court tennis« gespielt hat.

1676 In Haymarket (Großbritannien) entsteht der »Royal Tennis Court«, auf dem man bis heute nach den Regeln des »real« oder »royal tennis« spielte.

1870 Der »All England Lawn Croquet Club« wird in London gegründet.

1873 Unter dem Titel »Sphairistike of Lawn Tennis« erscheint zum erstenmal ein Tennis-Regelbuch.

1874 Major Walter Clopton Wingfield meldet am 23. Februar einen »Portable Court« für sein »Game of Tennis« zum Patent an.

1874 Mary Outerbridge bringt die Wingfieldsche Tenniskiste an Bord des Dampfers Carinma nach New York.

1875 Der »All England Lawn Croquet Club« setzt eine Regelkommission ein, die unter anderem auch das stundenglasförmige Spielfeld von Major Walter Clopton Wingfield aus dem Verkehr zieht und die 15er-Zählweise (15-30-45) einführt.

1875 Im »All England Lawn Croquet Club« in Wimbledon wird ein Platz eingerichtet, der ausschließlich für Lawn Tennis und Badminton bestimmt ist.

1875 Im Marylebone Cricket Club (Großbritannien) werden die ersten verbindlichen Tennisregeln von einer Kommission festgelegt.

1876 In Bad Homburg v. d. H. findet das erste Lawn-Tennis-Turnier auf deutschem Boden statt.

1877 Der »All England Lawn Croquet Club« ändert seinen Namen in »All England Croquet and Lawn Tennis Club«.

1877 Gründung des »Pariser Decimal Club«, erster Tennisclub Frankreichs.

1877 Das erste Wimbledonfinale am 19. Juli sahen 200 Zuschauer. Es gewann Spencer W. Gore.

1878 Harry Gem gründet in Leamington (Großbritannien) den ersten Tennisclub der Welt.

1881 In Baden-Baden wird mit dem »Baden-Baden L.T.C.« der erste Tennisclub in Deutschland gegründet.

1883 Gründung des »Stade Français Paris«, der Club, auf dessen Gelände die French Open ausgetragen werden.

1884 Maude Watson gewinnt das erste Damen-Turnier in Wimbledon.

1888 Die britische »Lawn Tennis Association« wird gegründet.

1888 In den USA gründet sich die »Lawn Tennis Association« der USA.

1891 Die französischen Meisterschaften werden zum erstenmal ausgetragen.

1892 Erste »Meisterschaft von Deutschland« in Hamburg.

1896 Tennis gehört zum olympischen Programm. Der Deutsche Friedrich Arthur Traun gewinnt mit dem Iren John Pims Boland die Goldmedaille im Doppel.

1897 Erste »Internationale Meisterschaft von Deutschland« in Hamburg.

1900 Der Davis-Cup wird von dem Amerikaner Dwight F. Davis erfunden. In Boston läßt er bei einem Silberschmied den Pokal herstellen.

1902 In Berlin wird am 19. 5. der »Deutsche Lawn Tennis Bund« gegründet. Erster Präsident wird Carl August von der Meden.

1905 Die Australischen Meisterschaften finden zum erstenmal statt.

1912 Bei den US-Meisterschaften wird die Challenge Round abgeschafft.

1913 Am 1. März wird in Paris die »International Lawn Tennis Federation« (ILTF) gegründet.

1914 Otto Froitzheim erreicht als erster Deutscher das Finale in Wimbledon.

1923 In Wimbledon wird die Challenge Round abgeschafft.

1925 Ausländer werden zum erstenmal bei den Französischen Meisterschaften zugelassen.

1931 Cilly Aussem gewinnt als erste Deutsche die Französischen Meisterschaften und Wimbledon.

1934 Baron Gottfried v. Cramm gewinnt als erster Deutscher in Paris.

1938 Donald Budge (USA) gewinnt als erster Spieler den »Grand Slam«.

1953 Maureen »Little Mo« Conolly (USA) gewinnt als erste Frau den Grand Slam.

1962 Rod Laver (Australien) gewinnt den »Grand Slam«.

1967 Als erster Deutscher nach dem Krieg spielt sich Wilhelm Bungert in das Finale von Wimbledon.

1967 Der texanische Silbermilliardär Lamar Hunt verpflichtet die acht besten Herren und läßt sie in Turnieren um Preisgeld spielen. Die Geburtsstunde des Profitennis.

1968 Im englischen Seebad Bornemouth findet das erste offizielle »offene« Turnier für Profis und Amateure statt. Es gewinnen Ken Rosewall und Virginia Wade. Die French Open, Wimbledon und US Open sind erstmals »offen« für Amateure und Profis.

1968 Lamar Hunt gründet einen eigenen Tennis-Profi-Circuit unter dem Titel World Championship Tennis (WCT) und verpflichtet die acht Spieler, die als »handsome eight« (stattliche acht) in die Tennisgeschichte eingehen.

1969 Auch die Australian Open sind jetzt offen für Profis. Das erste Preisgeld: 5000 $ (Herren), 2000 $ (Damen).

1969 Rod Laver (Australien) gewinnt nach 1962 zum zweitenmal den »Grand Slam«.

1970 Margaret Smith-Court (Australien) gewinnt den Grand Slam.

1972 Im September gründen Cliff Drysdale, Jack Kramer und andere Spieler die ATP (Association of Tennis Professional).

1973 Billie Jean King, Rosie Calsas, Virginia Wade und andere Spielerinnen gründen die WTA (Womens Tennis Association).

1973 Zum erstenmal erreicht mit Helga Masthoff eine Deutsche das Halbfinale der US Open.

1978 Der Deutsche Tennis-Bund DTB meldet über eine Million Mitglieder.

1978 Die US Open ziehen von Forest Hills um nach Flushing Meadow.

1982 Sylvia Hanika gewinnt als erste Deutsche im Madison Square Garden von New York das Masters der weltbesten Tennisdamen.

1985 1. Wimbledonsieg eines Deutschen mit Boris Bekker, der zugleich mit 17 Jahren, 7 Monaten jüngster Wimbledon-Champion aller Zeiten wird.

1986 2. Wimbledonsieg von Boris Becker.

1987 Erster Federation-Cup-Sieg einer deutschen Mannschaft mit Claudia Kohde-Kilsch und Steffi Graf über Chris Evert und Pam Shriver (USA) in Vancouver.

1988 Die Mitglieder der ATP beschließen den Austritt aus der MIPTC (Mens International Professional Tennis Council), der gemeinsam mit den Veranstaltern betriebenen Turnierorganisation, und die Installierung einer eigenen Tour.

1988 Im »deutschen Jahr« gewinnt Steffi Graf in Melbourne Paris, Wimbledon, die US Open und die olympische Goldmedaille und damit als erste Spielerin der Geschichte den »Golden Slam«. Boris Bekker gewinnt zum erstenmal das Masters und am 5. 12. zusammen mit Eric Jelen und Carl-Uwe Steeb zum erstenmal den Davis-Cup.

1989 Boris Becker gewinnt als erster Deutscher die US Open.

1989 Der DTB meldet mehr als zwei Millionen Mitglieder.

1989 Die deutsche Mannschaft verteidigt den Davis-Cup-Titel gegen Schweden.

1989 Zum erstenmal gewinnen zwei Deutsche (Steffi Graf und Boris Becker) Wimbledon.

1990 Die ATP-Tour der Spielervertretung hat Premiere.

1991 3. Wimbledonsieg von Steffi Graf.

1991 Boris Becker gewinnt im Januar in Melbourne als erster Deutscher die Australian Open und wird damit erster Deutscher auf dem ersten Platz der Weltrangliste.

1991 Steffi Graf gewinnt zum drittenmal Wimbledon.

1991 Zum erstenmal stehen zwei Deutsche im Herrenfinale von Wimbledon. Michael Stich gewinnt gegen Boris Becker.

1992 In Deutschland wird um mehr als 25 Millionen DM Preisgeld gespielt.

Die großen Stars

Wer ist die beste Spielerin, wer der beste Spieler aller Zeiten? War es tatsächlich William Tatem Tilden, genannt »Big Bill«, so wie es viele Tennisexperten heute noch glauben? War es vielleicht der Engländer Fred Perry, der von sich selber sagt: »Ich wüßte eine Antwort auf jeden Schlag der Spieler von heute«? Hätte Suzanne Lenglen, »die Göttliche«, heute noch eine Chance gegen Steffi Graf, oder würde das Supertalent Charlotte Dod aus der englischen Grafschaft Ceshire mit den Stars von heute ebenso Katz und Maus spielen wie mit jenen vom Ende des 19. Jahrhunderts?

Zu allen Zeiten gab es »Stars«, und zu allen Zeiten gab es Spieler, die ihren Vorbildern nacheiferten.

Rechte Seite: Den fiktiven »Zweikampf der Giganten« entschieden John McEnroe (oben rechts) gegen William T. Tilden (oben links) und Steffi Graf (unten rechts) gegen Maureen Conolly (unten links) zu ihren Gunsten.

Die Antworten auf solche Fragen sind natürlich reizvoll, warum sonst würden sie wohl immer wieder neu aufgeworfen? Die deutsche Fachzeitschrift »TENNIS Revue« veröffentlichte 1989 fiktive Reportagen über zwei solche Superturniere, die von zwei Experten mit Stars der Vergangenheit und Gegenwart besetzt wurden. Das fiktive Herrenturnier organisierte der damals 82jährige George Lott, ehemaliger amerikanischer Daviscupspieler (18 Einsätze von 1928 bis 1934), der selbst zum Teil noch gegen viele der Großen aus dem Anfang des 20. Jahrhunderts gespielt hat. Das fiktive Damenturnier stellte der Amerikaner Ted Tinling zusammen, der zu Lebzeiten (er starb 1991) als bester Kenner des Damentennis galt.

Das wenig überraschende Ende dieser »Meisterschaften« soll Ihnen nicht vorenthalten werden. John McEnroe schlug im Finale William T. Tilden in vier Sätzen, und Steffi Graf war in drei Sätzen besser als Maureen Conolly, genannt »Little Mo«.

Die Experten begründeten die fiktiven Erfolge der »besten Spieler aller Zeiten« so: »Die Punkte kamen in diesem Finale von Conollys Rückhand und Grafs Vorhand. Es war in erster Linie eine Frage des Stellungsspiels. Steffi Grafs stärkster Schlag beendet schließlich dieses ›Jahrhundert-Finale‹. Mit einer ganzen Serie von unerreichbaren Vorhand-Punkten holt sie sich nach 5:7, 6:2 den dritten Satz mit 6:4.«

Mit »Big-Mac« McEnroe und »Big« Tilden hatten sich in Lotts »Klassiker« auch die topgesetzten Spieler ins Finale gespielt. Sein Final-Report: »Ein verrücktes Match zweier willensstarker Individualisten und geprägt von zahlreichen Auseinandersetzungen, die aber keinen der beiden zurückwarfen. Tildens erster Aufschlag kam wie eine Kanonenkugel, aber McEnroe lobte wirkungsvoll genug, um immer wieder eine Möglichkeit zu bekommen, einen Passierball zu ›töten‹.«

Soweit das, was sich in den Köpfen zweier Leute vor einigen Jahren abgespielt hat. Irgendwann wird wieder einmal einer ein solches fiktives Turnier zusammenstellen. Vielleicht sitzt jetzt schon jemand an einer entsprechenden Software für die Computer – das Ergebnis dürfte auf großes Interesse stoßen...

Die Renshaw-Zwillinge

Das zu Ende gehende 19. Jahrhundert gehörte den Engländern. Tennis war gerade

Bis zum Jahr 1921 galt in Wimbledon die sogenannte »Herausforderungsregelung«, die dafür sorgte, daß der Titelverteidiger stets erst im Finale aktiv werden mußte.

erst erfunden und noch ganz am Anfang. Am 3. Januar 1861 erblickten in Leamington die Zwillinge *Ernest und William Charles Renshaw* das Licht der Welt. Interessant ist der Geburtsort des Duos deshalb, weil dort elf Jahre später der erste reine Tennisclub der Welt gegründet wurde. Begünstigt durch die bis einschließlich 1921 gültige Herausforderungsregelung, die dafür sorgte, daß der Titelverteidiger immer erst im Finale aktiv werden mußte, beherrschten die Renshaws Wimbledon über fast ein Jahrzehnt. Achtmal gewannen sie, siebenmal hieß der Sieger William, einmal Ernest. Letztgenannter aber stand dreimal im Finale. Nur einmal zwischen 1881 und 1889 findet man keinen Renshaw auf der Siegertafel in Wimbledon. 1887 mußte der sechsmalige Champion William krankheitsbedingt als Titelverteidiger absagen – er klagte über einen Tennisarm. Die Erfolgsserie der Renshaw-Brüder verschaffte dem Wimbledon-Turnier zwar jedes Jahr einen neuen Zuschauerrekord, unter den Teilnehmern aber verursachte sie Resignation. Immer weniger Spieler meldeten sich an. Von 48 Meldungen im Jahr 1881 sank die Zahl auf 16 im Jahr 1887.

William Charles Renshaw, der nur 43 Jahre alt wurde, bescherte dem Tennis übrigens den Schmetterball.

Charlotte Dod, die jüngste

Sie wurde am 24. September 1871 in Bebington, England, geboren. Noch als 14jährige traf Charlotte Dod bei einem Turnier auf die zweimalige Wimbledonsiegerin Maud Watson, die damals seit 55 Begegnungen ohne Niederlage war. Lotti Dod beendete die stolze Reihe und begann eine eindrucksvolle eigene Siegesserie. Nachdem sie 1887 und 1888 die Meisterschaft in Wimbledon gewonnen hatte – beim ersten Titelgewinn war sie 15 Jahre und zehn Monate alt –, verzichtete sie zwei Jahre lang auf den Start. Mit 19 Jahren kam sie wieder, gewann den Titel dreimal in Folge und hörte dann ganz mit dem Tennis auf. Danach startete sie eine erfolgreiche internationale Karriere im Golf und Hockey, war eine der besten Bogenschützinnen Englands und erwarb sich auch als Eiskunstläuferin beträchtliches Ansehen. Sie wurde 90 Jahre alt. Das Frauentennis verdankt ihr den Volley, der zu jener Zeit bei den Damen noch verpönt war.

Die Brüder Doherty

Im zu Ende gehenden 19. Jahrhundert übernahmen dann wieder zwei Brüder die Herrschaft im Welttennis. *Reginald »Reggie« Frank Doherty,* geboren in London am 14. Oktober 1872, und *Hugh Lawrence »Laurie« Doherty,* der am 8. Oktober 1875 ebenfalls im Londoner Stadtteil Wimbledon zur Welt kam. Von 1897 bis 1906 war das Turnier von Wimbledon fest in der Hand der beiden Brüder. Zuerst trug sich Reggie der Ältere von 1897 bis 1900 als Sieger ein. Laurie Doherty gewann Wimbledon fünfmal in

Charlotte Dod war – und ist – mit 15 Jahren und zehn Monaten die jüngste Wimbledon-Siegerin aller Zeiten.

Folge und die Doherty-Brüder gemeinsam neunmal das Doppel, zuletzt 1905. Der jüngere, Hugh, wurde 1903 auch erster ausländischer US-Meister. In fünf Daviscup-Finals haben er und sein Bruder Reggie nie im Einzel oder Doppel verloren. Gefürchtet waren vor allem Hughs Schmetterball und sein Volley, und beneidet wurde er um seine außergewöhnliche Schnelligkeit. Sein älterer Bruder wurde gerühmt für seine perfekte Rückhand: großer Rückschwung, glatter Durchschwung mit langem Ausschwung und ein außergewöhnliches Ballgefühl.

Die Dohertys retteten, so wie seinerzeit die Renshaws, das Wimbledonturnier vor der Pleite. Nach den Renshaws hatte es einen erheblichen Zuschauer-Einbruch gegeben, so daß im Jahr 1895 gar ein finanzielles Minus von 33 Pfund entstanden war. 1903 zahlten 30000 Zuschauer Eintritt, um die Dohertys zu sehen. Sie brachten ein Plus von 2000 Pfund in die Kasse.

Reggie Doherty starb mit 36 Jahren an einer verschleppten Tuberkulose. Laurie wurde nur fünf Jahre älter. Sie verfaßten ein Lehrbuch mit dem Titel »Lawn Tennis«, welches als erste ernsthafte Anleitung für Technik und Taktik des modernen Tennis anzusehen ist. In Wimbledon erinnert der Südosteingang »Doherty-Gates« an das einzigartige Duo.

Die Zeit der »Australasiaten«

Dem Australier *Norman Everard Brookes,* geboren am 14. November 1877, gebührt das Verdienst, Tennis auf den fünften Kontinent gebracht zu haben. Er gründete 1904 den australischen Verband und war später, 1926 bis 1955, dessen Präsident. Zweimal gewann er in Wimbledon, und sechsmal holte er mit dem Team »Australasia« (einem Kunstgebilde, stellvertretend für Neuseeland und Australien) den Davis-Cup. So kam der Australier Brookes mit dem Neuseeländer *Anthony Frederick Wilding,* der in Cambridge studierte, in eine Mannschaft. Sie gewannen für »Australasia« den Davispokal 1907 gegen die entsetzten Engländer, wenig später entschied Norman Brookes als er-

Die Doherty-Brüder. Von 1897 bis 1906 war »Wimbledon fest in ihrer Hand«. Im Jahr 1903 zahlten 30 000 Zuschauer Eintritt, um die beiden herausragenden Spieler zu sehen – so retteten sie Wimbledon vor der Pleite.

ster Ausländer überhaupt Wimbledon für sich, acht Jahre später gewann er zum zweitenmal, dazwischen war er in Wimbledon nicht angetreten und hatte das Feld kampflos seinem Freund Wilding überlassen, der sich den Titel viermal in Folge holte. Zusammen gewannen sie den Daviscup fünfmal, zuletzt 1914 in New York gegen die USA.

Tony Wilding starb am 9. Mai 1915 in einem Schützengraben in Belgien. Er wurde 31 Jahre alt. Der Linkshänder und Serve- und Volleyspieler Norman Brookes holte sich auch 1919 und 1920, erst gegen die Briten, dann gegen die USA, den Davispokal. Seine Art Tennis zu spielen prägte den australischen Stil für Generationen. 1939 wurde er für seine Verdienste um das Tennis in den Adelsstand erhoben. Sir Norman Everard Brookes starb 1968 im Alter von 91 Jahren.

Zwischen zwei Kriegen

Mit dem Ende des Ersten Weltkriegs begann die große Zeit des *William Tatem Tilden.* Der Amerikaner, am 10. Februar 1893 in Philadelphia geboren, ist für Experten heute noch der beste Spieler aller Zeiten. Als erster Amerikaner überhaupt gewann er auf Anhieb in Wimbledon. Im folgenden Jahr verteidigte er den Titel erfolgreich und verzichtete anschließend bis 1926 auf weitere Starts in Wimbledon. Er verlor das Comeback gegen den Franzosen Cochet, ein Jahr später gegen dessen Landsmann Lacoste, wieder ein Jahr später erneut gegen Cochet, immer im Halbfinale. Dann aber gewann er 1930 Wimbledon zum drittenmal. Er spielte 24mal für die USA im Daviscup, und siebenmal gewannen die Amerikaner. »Big Bill« gewann von 41 Spielen 34 im Doppel und Einzel. Siebenmal gewann er im Einzel die US-Meisterschaften, fünfmal im Doppel. Tilden, der sich nie damit abfinden konnte, daß er »nur« ein Tennisspieler war, versuchte sich vergeblich als Schriftsteller, sammelte rund 2000 Opern-Schallplatten, tingelte vier

Suzanne Lenglen, die »Göttliche«.

Monate lang als Schauspieler in einer Dracula-Rolle durch die Provinz – alles ohne Erfolg. Den hatte er nur auf dem Tenniscourt. Dort war er fast unschlagbar, ein Perfektionist. Tilden war wohl der erste, der aus dem simplen Tennis eine Wissenschaft machte. Er beherrschte jeden Schlag. Sein Lehrbuch »The Art Of Lawn Tennis« gehört zum besten, was über dieses Spiel bisher veröffentlicht wurde. »Big Bill« Tilden aber wurde nicht glücklich. Tilden liebte Männer. Das machte ihn zum Außenseiter. In Hollywood wurde er wegen seiner Veranlagung zweimal zu Gefängnis verurteilt und von der amerikanischen Öffentlichkeit geächtet. 1953 fand man ihn tot in seinem Appartement in Hollywood. Er starb an Herzversagen im 60. Lebensjahr.

Auftritt der »Göttlichen«

Man nannte sie die »Göttliche«: *Suzanne Lenglen* war eine Diva, ein Star. Als sie noch jung war, hatte ihr Vater stets Süßigkeiten als Belohnung für gelungene Schläge in der Tasche. Der Vater schickte sie auch in die Ballettschule. Das prägte ihren Stil. Suzanne Lenglen, geboren am 24. Mai 1899, war auf dem Tennisplatz die Grazie in Person. Ihr Vater war Manager, Trainer und Beichtvater zugleich, der später Trost spendete, wenn wieder einmal eine der zahlreichen Affären des Tennisstars in die Brüche ging. Da gab es einen Dichter, einen Schriftsteller, einen Jazzpianisten, da war der Schriftsteller Kipling und der Filmschauspieler Fairbanks. Ihr charakteristisches Stirnband wurde zur Mode, sie war keine Schönheit, aber immer im Mittelpunkt. Mit Elizabeth Ryan gewann sie fünfmal das Doppel und mit drei verschiedenen Partnern dreimal das Mixed in Wimbledon. Im Einzel war sie sechsmal erfolgreich.

Sie verlor in Wimbledon überhaupt nur einmal und wurde im Jahre 1926 Profi, als es mit den Offiziellen Schwierigkeiten gab: Die Diva war ausgerechnet an jenem Tag, als Wimbledon seinen 50. Geburtstag festlich beging, verspätet zu ihrem Spiel erschienen. Es kam zum Skandal. Die Diva legte sich mit dem Ober-

Linke Seite: Der Amerikaner William T. Tilden gilt als bester Spieler aller Zeiten.

schiedsrichter an und wurde disqualifiziert; später nahm man die Disqualifikation wieder zurück, Suzanne Lenglen aber trat nur noch zu einem Doppel an. Sie unterschrieb einen Profivertrag, machte Schaukämpfe in den USA. Die Tournee wurde ein Flop. 1938 starb sie im Alter von 39 Jahren.

Die vier Musketiere

Toto Brugnon (geboren am 11. Mai 1895 in Paris), *Jean Borotra* (in Biarritz geboren am 13. August 1898), Spitzname der »fliegende Baske«, weil er wie ein Torwart am Netz nach jedem Ball hechtete, sowie *René Lacoste* (am 2. August 1905 in Paris geboren), Spitzname *Krokodil*, und *Henri Cochet* (geboren am 14. Dezember 1901 in Lyon) waren »die vier Musketiere«.
Der erste Auftritt des Quartetts endete mit einer 0:5-Niederlage im Daviscup-Finale gegen die USA in Philadelphia. Der zweite, ein Jahr später, fiel mit 1:4 schon weniger peinlich aus, und im darauffolgenden Jahr holten sich die Franzosen dann den Pokal in Philadelphia mit 3:2 von den Amerikanern. Sie gaben ihn sechs Jahre lang nicht mehr her. Gleichzeitig übernahmen die vier Franzosen auch für sechs Jahre Wimbledon. Mit einer Ausnahme, 1926, war das Finale in dieser Zeit immer eine rein französische Angelegenheit. Die französischen Meisterschaften besetzten die vier Musketiere von 1925 bis 1932. Mit zwei Ausnahmen – 1927 und 1930, als »Big« Tilden das Finale erreichte –, waren Mitglieder der Musketiere in Paris immer unter sich. Das Quartett ging 1932 auseinander, nachdem es noch einmal die USA geschlagen hatte. Es dauerte bis 1991, ehe Frankreich den Davispokal wieder einmal gewinnen konnte.

Die ersten Deutschen

Cilly Aussem gewann als erste Deutsche 1931 die Französischen Meisterschaften und anschließend Wimbledon (im bisher einzigen rein deutschen Damenfinale, gegen Hilde Krahwinkel). Sie hatte am 4. Januar 1909 in Köln das Licht der Welt erblickt. 1930 schied sie im Halbfinale mit einer Knöchelverletzung aus. Die temperamentvolle Rheinländerin galt in ihrer Zeit als die hübscheste Spielerin. Ihre Stärke war ihre Schnelligkeit; sie erlief fast alle Bälle. Ihre Schwäche waren ihre Augen, mit denen sie zunehmend Schwierigkeiten hatte. Sie heiratete bald einen italienischen Adeligen, zog nach Verona und hörte mit dem Tennis auf. Sie starb 1963 als Gräfin Morari della Corte. Zu ihrem Andenken benannte der DTB einen Juniorinnen-Mannschafts-Wettbewerb nach ihrem Mädchennamen.

Hilde Sperling-Krahwinkel, geboren am 26. März 1908, gewann dreimal die Französischen Meisterschaften (1935 bis 1937) und erreichte zweimal das Finale in Wimbledon (1931 und 1936). Wegen ihrer strategischen Grundlinienfähigkeiten wurde sie »die Spinne« genannt.

Oben: Cilly Aussem (links) und Hilde Krahwinkel-Sperling. Im Jahr 1931 spielten die beiden Deutschen gegeneinander im Wimbledon-Finale.

Linke Seite: Die großen Franzosen – Suzanne Lenglen und René Lacoste (oben) sowie unten links: Henri Cochet, rechts: Toto Brugnon und Jean Borotra.

Der »Tennis-Baron«: Gottfried von Cramm siegte zweimal bei den Französischen Meisterschaften von Paris. Er war sechsmal Deutscher Meister und stand dreimal im Finale von Wimbledon.

1950 gewann sie die Internationalen Hallenmeisterschaften von Skandinavien und beendete ihre Tenniskarriere.

Baron Gottfried von Cramm, geboren am 7. Juli 1909, war ein eleganter Spieler, der weltweit als fairer Sportler geachtet wurde. Er gewann zweimal die Französischen Meisterschaften von Paris, war sechsmal Deutscher Meister, stand dreimal hintereinander erfolglos im Finale von Wimbledon (1935 bis 1937), gewann zusammen mit Hilde Sperling-Krahwinkel in Wimbledon den Mixed-Titel. Wurde von den Nationalsozialisten verfolgt. Am 9. November 1976 starb Gottfried von Cramm bei einem Autounfall in Ägypten.

Der letzte große Engländer

Frederick John Perry wurde am 18. Mai 1909 geboren. Er gewann als erster Engländer nach dem Ersten Weltkrieg in Wimbledon, war Rekordhalter mit drei Wimbledonsiegen in Folge, bis Björn Borgs Serie von 1976–1980 seinen Rekord übertrumpfte. Perry gilt als erster Wimbledon-Champion »aus dem Volk«. Er gewann auch dreimal (1933, 1934 und 1936) die US-Meisterschaften, 1935 die Französischen Meisterschaften und einmal die Australischen Meisterschaften (1935) sowie 45 von 52 Daviscup-Einsätzen. 1936 wurde der Engländer Profi. Er war der erste Spieler, der seinen Namen einer Tennisbekleidungsfirma zur Verfügung stellte.
Fred Perry, Englands erfolgreichster Spieler und ein lebendes Tennis-Denkmal, wurde später amerikanischer Staatsbürger, ein erfolgreicher Geschäftsmann und ein geachteter Tennisjournalist.

Die Grand-Slam-Champions

John Donald Budge, geboren am 13. Juni 1915, gewann 1938 als bisher einziger Amerikaner den Grand Slam, die Meisterschaften von Australien, Paris, Wimbledon und die US Open. Er setzte sich bei den Nazis energisch für die Freilassung Gottfried von Cramms ein.

Rodney George Laver, geboren am 9. August 1938, Spitzname »Rocket« (Rakete). Gewann als erster und bisher einziger Spieler gleich zweimal den Grand Slam: 1962 und 1969. Auf seiner imposanten Erfolgsliste stehen zweimal die Internationalen Deutschen Meisterschaften in Hamburg (1961 und 1962), viermal Wimbledon (1961, 1962, 1968 und 1969), US- und French Open je zweimal (1962 und 1969), die Australian Open dreimal (1960, 1962, 1969). Er war bereits im Jahr 1963 Profi und konnte deshalb von 1963 bis 1968, als die Turniere »offen« für alle Spieler wurden, an keinen Grand-Slam-Turnieren teilnehmen.

Der Amerikaner Donald Budge holte sich als erster den Grand Slam.

Rod Laver gewann als einziger Spieler zweimal den Grand Slam.

Eine neue Generation tritt an – Boris Bekker (oben) und André Agassi (rechte Seite).

Das Profi-Zeitalter

André Agassi, geboren am 29. April 1970 in Las Vegas (USA).
Der Sohn eines ehemaligen persischen Olympiateilnehmers im Boxen und wieselflinke Grundlinien-Spezialist scheiterte zweimal erst im Finale bei den French Open in Paris sowie einmal bei den US Open in New York. Er gewann die ATP-Weltmeisterschaften in Frankfurt 1990 und im selben Jahr für die USA den Daviscup. Besondere Stärken sind sowohl die beidhändige Rück- wie Vorhand. Trainiert wird André Agassi von Amerikas erfolgreichstem Trainer Nick Bolletterie.

Boris Becker, geboren am 22. November 1967 in Leimen.
Jüngster Wimbledon-Champion aller Zeiten, als er 1985 den ersten von bisher drei Wimbledontiteln gewann. US Open-Champion von 1989, Australian-Open-Champion 1991. Holte mit Carl-Uwe Steeb und Eric Jelen zusammen 1988 gegen die Schweden in Göteborg zum erstenmal den Davis-Cup nach Deutschland und verteidigte ihn gegen die Schweden 1989 in der gleichen Besetzung in Stuttgart. Boris Bekker gilt als einer der technisch perfektesten Spieler der Welt. Besondere Stärken: erster Aufschlag, Vorhand-Drive und Rückhand-Volley.

DONNAY

Björn Borg, geboren am 6. Juni 1956 in Södertaljie (Schweden).
Spitzname »Eis-Borg«, auf Sand war er in den Jahren 1974 bis 1981 praktisch unschlagbar. Gewann fünfmal die French Open, fünf Wimbledon-Titel in Folge zwischen 1976 und 1980. Holte mit dem schwedischen Team erstmals 1975 den Davis-Cup nach Schweden. Zog sich schon im Alter von 24 Jahren vom Profitennis zurück und gründete mehrere Firmen. 1982, 1984 und 1991 startete er jeweils Comeback-Versuche. Doch sein zur Legende gewordener alter Holzschläger kann mit den modernen, schnellen Kunststoffschlägern nicht mehr mithalten. Auch seine einst gefürchteten harten Aufschläge und die präzisen, beidhändig geschlagenen überrissenen Rückhandbälle kommen nicht mehr so wie zu seinen besten Zeiten.

James Scott Connors, genannt Jimmy, geboren am 2. September 1952 in Belleville (USA).
Kampfstärkster Spieler im Profitennis. Der Linkshänder hat keinen besonders guten Aufschlag, keine besonders gute Rückhand (beidhändig geschlagen) und eine ganz schwache Vorhand. Sein bester Schlag ist der Annäherungsball, den er wie kein anderer Spieler ganz präzise in die langen Ekken setzt. Er hat den besten Return und war immer ein laufstarker Spieler. Noch als 39jähriger stand er 1991 im Halbfinale der US Open. Er unterlag Jim Courier. In den Runden davor schrieb er Tennisgeschichte, als er mit Patrick McEnroe, Michiel Schapers, Karel Novacek, Aaron Krickstein und Paul Haarhuis Gegner besiegte, die zwischen 15 und 19 Jahren jünger als er waren. Connors war fünf Jahre lang immer wieder Nummer eins der Weltrangliste, sein Rekord von 159 Wochen als Weltranglistenerster ohne Unterbrechung wurde bisher nur von Steffi Graf überboten. Er gewann die US Open auf allen drei Belägen (Gras, Sand und Beton) insgesamt fünfmal (1974, 1976, 1978, 1982 und 1983), Wimbledon zweimal (1974 und 1982), die Australian Open (1974) und den Masterstitel (1978).

Sie waren die »Helden« der 70er Jahre: Jimmy Connors (oben) und Björn Borg (linke Seite). In den Jahren 1974 bis 1981 galt Borg als fast unschlagbar – er gewann fünfmal die French Open und fünfmal in Folge (1976 bis 1980) in Wimbledon.

Christine Marie Evert, geboren am 21. Dezember 1954 in Fort Lauderdale (USA).
Von 1974 bis 1986 gewann Chris Evert mindestens einen Grand-Slam-Titel im Jahr. Insgesamt sechsmal die US Open (1975 bis 1978, 1980 und 1982), siebenmal die French Open (1974, 1975, 1979, 1980, 1983, 1985, 1986), dreimal Wimbledon (1974, 1976 und 1981) und zweimal die Australian Open (1982 und 1984). Mit ihren 18 Grand-Slam-Titeln rangiert sie auf der ewigen Bestenliste auf Platz drei. Mit 125 Siegen in Folge auf Sand hält Chris Evert den Rekord. Sie nahm an 56 Grand-Slam-Turnieren teil und erreichte 52mal mindestens das Halbfinale. Sie beendete ihre Karriere, als sie 1991 ihr erstes Kind erwartete.

Chris Evert prägte zusammen mit Martina Navratilova mehr als zehn Jahre lang das internationale Damen-Tennis. 1986 wurde sie erstmals von Steffi Graf bezwungen, und lange Jahre hielt sie mit 157 Turniersiegen einen sensationellen Rekord, der erst 1992 von Martina Navratilova übertroffen werden konnte.

Steffi Graf ist eine von nur drei Spielerinnen überhaupt, die den »Grand Slam« gewinnen konnten. Im selben Jahr, 1988, gewann sie dann auch noch in Seoul die Goldmedaille.

Stephanie Graf, geboren am 14. Juni 1969 in Brühl.
Offizielle ITF-Weltmeisterin, vom 16. August 1987 an 186 Wochen lang die Nummer eins auf der Weltrangliste. Damit hält sie bis heute den Rekord. Einzige Spielerin, die bisher den »Golden Slam« – Siege bei den Australian Open, French Open, Wimbledon, US Open und den Olympischen Spielen innerhalb eines Kalenderjahres – schaffte. Steffi Graf gewann die French Open zweimal (1987 und 1988), die Australian Open dreimal (1988, 1989 und 1990), Wimbledon dreimal (1988, 1989 und 1991) sowie die US Open zweimal (1988 und 1989). Zusammen mit Claudia Kohde-Kilsch gewann sie 1987 den Federation Cup gegen die USA in Vancouver. Mit Gabriela Sabatini holte sie sich 1988 den Doppel-Titel in Wimbledon. Ihr Spitzname »Miss Forehand« umschreibt ihre stärkste Waffe präzise. In ihrem besten Jahr 1988 verlor sie von 74 Matches nur drei. Nach fünf Jahren trennten sich Steffi Graf und ihr Coach Pavel Slozil. Als ihre Zusammenarbeit 1986 begann, war Steffi Graf noch die Nummer fünf der Weltrangliste.

Oben: *Kein »Genie«, dem alles wie von selbst in den Schoß fällt – Ivan Lendl hat sich alle seine Erfolge hart erarbeitet.*

Linke Seite: *Claudia Kohde-Kilsch. 1987 war sie vielleicht die beste Doppel-Spielerin der Welt.*

Claudia Kohde-Kilsch, geboren am 11. Dezember 1963 in Saarbrücken.
Gewann 1984 die Internationalen Deutschen Meisterschaften in Berlin. Die größten Erfolge feierte die 1,84 m große Rechtshänderin mit 23 Titeln im Doppel. Darunter auch Wimbledon (1987) und die US Open (1985). Der größte Erfolg ihrer Karriere war der Gewinn des Federation Cup 1987 in Vancouver (Kanada) gegen die USA. Beste Plazierung in der Weltrangliste Platz 4 am 2. September 1985.

Ivan Lendl, geboren am 7. März 1960 in Ostrau, ČSFR, lebt in Greenwich (USA).
Offizieller ITF-Weltmeister 1990. Gewann als Junior in Wimbledon und bei den French Open. Entschied zweimal die Australian Open für sich (1989 und 1990), die French Open dreimal (1984, 1986 und 1987) sowie die US Open dreimal in Folge (1985 bis 1987). Gewann das Masters 1982, 1983, 1985, 1986 und 1987. Der Exil-Tscheche, der schon seit vielen Jahren einen Antrag auf Einbürgerung in die USA laufen hat, ist ein außergewöhnliches Trainingstalent. Von der spielerischen Begabung her nur durchschnittlich ausgestattet, hat sich Ivan Lendl mit eisernem Willen hochgearbeitet. Er ist einer der härtesten Kämpfer auf dem Platz. Beherrscht alle Schläge. Meisterhaft ist sein überrissener Rückhand-Passierball, unwiderstehlich seine enorme Willenskraft.

Oben: John McEnroe – er gilt als »Zauberer« unter den Tennisspielern. Auf seiner Erfolgsliste stehen unter anderem drei Wimbledon- und vier US-Open-Titel.

Rechte Seite: Martina Navratilova ist die erfolgreichste Tennisspielerin aller Zeiten.

John McEnroe, geboren am 16. Februar 1959 in Wiesbaden.
Gilt als einer der talentiertesten Tennisspieler der Gegenwart. Spitzname »Big Mouth«, weil er sich gerne mit Offiziellen anlegt und sich nichts gefallen läßt. Verfügt über einen der besten Aufschläge im gesamten Circuit und über die besten Volleys. John McEnroe gewann dreimal in Wimbledon (1981, 1983 und 1984) und viermal die US Open (1979, 1980, 1981 und 1984). Außerdem gewann er viermal in Wimbledon und bei den US Open die Doppel-Konkurrenz. 1984 stand er auch im Finale von Paris, führte schon 2:0 nach Sätzen gegen Ivan Lendl und verlor dann im fünften Satz mit 5:7. Bei den Australian Open 1992 schlug er in der dritten Runde den acht Jahre jüngeren Titelverteidiger Boris Becker glatt in drei Sätzen. McEnroe gewann für die USA viermal den Davis-Cup. Das Masters gewann er 1979, 1984 und 1985.

Martina Navratilova, geboren am 18. Oktober 1956 in Prag.
Erfolgreichste Spielerin aller Zeiten. Gewann 1990 ihren neunten Wimbledon-Einzeltitel und 1992 ihr 158. Turnier – beides ist ein Rekord! Die Linkshänderin gewann dreimal (1981, 1983 und 1985) die Australian Open, zweimal die French Open (1982 und 1984), neunmal in Wimbledon (1978, 1979, von 1982 bis 1987 und 1990), die US Open (1983, 1984, 1986, 1987) insgesamt viermal. Im Doppel gewann sie siebenmal die Australian Open, siebenmal die French Open, siebenmal Wimbledon und neunmal die US Open. Hervorragender Aufschlag, bester Rückhand-Slice, bester Rückhand-Volley im Damen-Circuit.

Yannick Noah, geboren am 18. Mai 1960 in Sedan.
Publikumsliebling, Spaßmacher, Popsänger. Größter Erfolg: Davis-Cup-Sieg gegen die USA 1991 in Lyon, sein Debüt als Teamchef. Wiedergeburt der legendären Musketiere. Größter Einzelerfolg: Sieger der French Open 1983.

Guillermo Vilas, geboren am 17. August 1952 in Buenos Aires.
Gewann zweimal die Australian Open (1978 und 1979), je einmal die US Open und die French Open im Jahr 1977. Er gewann 1978 die Offenen Deutschen Meisterschaften von Deutschland in Hamburg. Stärkster Schlag die überrissene Vorhand. Verbrauchte pro Satz durchschnittlich drei Rackets. Der Argentinier schreibt Gedichte und Liedtexte, spielt Gitarre und hat auch bereits eine Langspielplatte veröffentlicht. Mit 38 Jahren versuchte er vergeblich noch einmal ein Comeback als Tennisprofi.

Oben: Guillermo Vilas – pro Satz verbrauchte er durchschnittlich drei Rackets.

Linke Seite: Yannick Noah »schenkte« Frankreich 1991 den Daviscup.

Vom Großen Schlag und von anderen großen Dingen

Wenn man in Wimbledon gewinnt, wird man zur Legende. Mittlerweile gibt es schon viele Legenden. Unsterblich aber wird, wer den »Grand Slam« gewinnt. Australian Open, die Französischen Meisterschaften, Wimbledon und die US Open innerhalb eines Jahres. Fünf Tennisgrößen ist das bisher gelungen. Zwei Männern und drei Frauen. Steffi Graf ist eine davon. Auch wenn sie heute schon aufhören würde mit dem Tennis oder nur noch verlieren – ihren Platz unter den Unsterblichen des Sports hat sie bereits sicher.

Not macht erfinderisch: Auf der Suche nach einer griffigen Headline für die »New York Times« prägte der Journalist Alison Danzig im Jahr 1933 den Begriff »Grand Slam«.

Man hat viel herumgerätselt, was es eigentlich auf sich hat mit dem Begriff »Grand Slam«. Die abenteuerlichsten Überlegungen wurden angestellt, dabei ist des Rätsels Lösung ganz einfach: Ein Journalist war um eine Headline für die »New York Times« verlegen. Der Reporter Allison Danzig suchte 1933, als er von den US Open in Forest Hills in der Nähe von Flushing Meadow zu berichten hatte, nach einer griffigen Überschrift für seine Geschichte. Auf dem damals noch rasenbewachsenen Centre Court spielte gerade ein gewisser Herr Crawford aus Australien gegen einen Engländer mit Namen Perry um den Titel. Der Australier führte nach Sätzen schon 2:1, und für den Berichterstatter wurde es Zeit, daß er seinem Boß in der Redaktion eine ordentliche Headline anbot.

Allison Danzig war auch ein leidenschaftlicher Bridgespieler, und da gibt es diesen »Grand Slam«, wenn man »auf einmal abräumt«, eben auch. So entstand an diesem Sonntagnachmittag im Jahr 1933 die provisorische Überschrift: »US-Victory Gives Crawford A Grand Slam«. Pech für Danzig, daß am Ende Fred Perry gewann. Die Headline wurde nicht gedruckt. Fünf Jahre später konnte Allison Danzig seine Überschrift dann endlich loswerden. Donald Budge gewann 1938 alle vier Titel.

Den bisher größten Schlag landete dann der Australier Rod Laver, der als einziger zweimal den Titel, 1962 und 1969, holte. Bei den Damen dauerte es bis zum Jahr 1953, als Maureen »Little Mo« Conolly dieses Kunststück gelang. 1970 gewann die Australierin Margaret Court den Grand Slam. Steffi Graf schließlich setzte mit ihrem »Golden Slam« noch ein Ausrufezeichen dahinter. Sie gewann zu den vier großen Turnieren 1988 auch noch die Olympia-Goldmedaille in Seoul. Einen neuen Titel konnte »Al« Danzig dafür nicht mehr erfinden. Ein Jahr vor Steffi Grafs großem Triumph starb der angesehene Sportjournalist im Alter von 88 Jahren.

Steffi Graf gehört schon jetzt zu den »Unsterblichen« des Tennis.

Rechte Seite: Rod Laver gewann als bislang einziger Spieler zweimal den »Grand Slam«.

Erst seit dem Jahr 1968 ist Wimbledon ein sogenanntes »open tournament« – offen für Amateure und Profis. Damals betrug das Preisgeld 26 150 Pfund, etwa 260 000 DM.

Rechte Seite: Niemand jubelte auf dem Tenniscourt so oft wie sie: 1992 gewann Martina Navratilova ihr 158. Turnier.

Wimbledon

Mit Wimbledon fing 1877 alles an. Weil »The All England Croquet Club« an der Worple Road in Wimbledon kein Geld für die Reparatur seiner Rasenwalze hatte, veranstaltete man ein Tennisturnier. Der erste Wimbledonsieger war ein gewisser Spencer Gore. Die Rasenwalze wurde repariert. Erst 1884 ließ man auch die Damen teilnehmen. Man spielte übrigens eine *Challenge Round,* was bedeutet, daß die Titelverteidiger erst im Finale eingreifen mußten. 1926 zog das Turnier zur Church Road in Wimbledon um, wo es auch heute noch zu Hause ist. 1930 standen sich zum erstenmal zwei Deutsche im Finale gegenüber: Cilly Aussem gewann gegen Hilde Krahwinkel. 1939 machte der Amerikaner Bobby Riggs als erster Spieler überhaupt einen Haufen Geld aus seinem ersten Wimbledontitel. Er setzte bei einem Buchmacher 100 Pfund auf sich selbst im Einzel, im Doppel – und im Mixed. Bobby Riggs kassierte 21 600 englische Pfund, was damals etwa einer halben Million Mark entsprach. 1967 gewann die Tennis-Queen Billie Jean King alle Titel, und der Deutsche Wilhelm Bungert war im Finale machtlos gegen den Australier Newcombe. 1968 wurde Wimbledon ein »open tournament« – *offen* für Amateure *und* Profis. Das Preisgeld betrug 26150 Pfund, was etwa 260000 DM entsprach. Rod Laver, Sieger der Herren, kassierte 20000 DM, seine weibliche Kollegin Billie Jean King mußte sich mit 7500 DM bescheiden.

1985 wurde Boris Becker jüngster Wimbledon-Champion aller Zeiten. Er war 17 Jahre und sieben Monate alt.

1991 standen sich erstmals zwei deutsche Herren im Finale gegenüber. Michael Stich schlug Boris Becker. Einen Tag vorher hatte Steffi Graf zum drittenmal in Wimbledon gewonnen.

Australian Open

1905 fanden auf dem Gelände an der Albert Road in Melbourne die ersten *Australasia* Meisterschaften statt. 17 Teilnehmer. Es gewann Rodney Heath.

1906 trug man die Meisterschaften in Christchurch in Neuseeland aus, der Neuseeländer Tony A. Wilding nutzte den Heimvorteil, und 1908 holte sich in Melbourne der Amerikaner Frederick Alexander den Titel ab.

1921 trug man zum letztenmal die Meisterschaften in Perth aus. Man war mit der Organisation dort nicht zufrieden.

1922 ließ man die Damen und Jugendliche bis 21 zu.

1927 wurden die Meisterschaften als »Australian Championships« ausgeschrieben, 1928 führte man die Setzlisten ein.

1968 spielten zum letztenmal die Amateure unter sich, 1969 waren die Australian Open in Brisbane »offen« auch für Profis. Rod Laver und Margaret Court gewannen das erste Profi-Geld.

1982 nahmen zum erstenmal 96 Herren teil.

Der Australier Todd Woodbridge war der erste Spieler, der 1988 im neuerbauten Stadion im Flinderspark ein Match gewann. Das Finale zwischen Steffi Graf und Chris Evert dort war das erste Grand-Slam-Finale, welches unter einem Dach ausgetragen wurde, das Schiebedach über dem Riesenstadion hatte eine glänzende Premiere. Steffi Graf auch, sie gewann als erste Deutsche die Australian Open und wiederholte den Erfolg noch zweimal.

1991 gewann Boris Becker und wurde damit auch Weltranglistenerster.

Vom Großen Schlag…

US Open – Wander-Meisterschaften

Die Amerikaner waren schon immer vom Ehrgeiz beseelt, die ersten zu sein. Noch bevor die Briten sich auf einen nationalen Tennisverband einigen konnten, gründeten die Amerikaner 1881 in Newport auf Rhode Island ihre »Lawn Tennis Association«, und noch im selben Jahr suchten sie zum erstenmal auch ihren Nationalen Meister. Der erste Champion war der Rechtshänder Richard D. Sears. Er gewann den Titel siebenmal in Folge, ein bisher einmaliger Rekord.
In den ersten 50 Jahren gab es nur 17 Champions. Die meisten Einzeltitel gewann Molla B. Mallory mit acht Meisterschaften. 34 Jahre lang blieben die US Championships in »The Casino« in Newport, dann zogen sie für fünf Jahre in den *West Side Tennis Club* in Forest Hills, nahe Flushing Meadow. Ab 1921 war der *German Town Cricket Club* bei Philadelphia für drei Jahre Austragungsstätte, anschließend holte sich der *West Side Club* in Forest Hills die Meisterschaften zurück, und dort blieben sie dann bis 1977. Jimmy Connors gewann 1974 die letzten US Open auf Gras, im Jahr darauf gewann der Spanier Manuel Orantes die ersten Meisterschaften auf Sand. 1976 gewann auch Jimmy Connors auf Sand, und als 1978 die US Open ins »National Tennis Center« nach Flushing Meadow umzogen, gewann »Jimbo« dort auch den Titel auf Beton. Das erste Preisgeld in Höhe von 14000 $ gewann Arthur Ashe 1968, bei den Frauen kassierte im gleichen Jahr Virginia Wade 6000 $. 1991 schütteten die Veranstalter mehr als sechs Millionen Dollar aus. Alleine die Einzelsieger kassierten jeweils 350000 $. Spätestens 1996 wird in Flushing Meadow ein neues Stadion stehen, für etwa 24000 Zuschauer. Dann wird wohl auch das Preisgeld nochmal kräftig steigen.

Oben: Kaum zu glauben, aber wahr – 1988 gewann die deutsche Mannschaft in Göteborg den Daviscup. 1989 wiederholte sie diesen Erfolg – aber nie ist's so schön wie beim ersten Mal…

Linke Seite: Steffi Graf als US-Open-Siegerin 1988. In diesem Jahr war sie praktisch nicht zu schlagen.

Daviscup – Eine heiß begehrte Salatschüssel

Über Geschmack läßt sich streiten, über Geld nicht. Der Pokal, dem man respektlos die Bezeichnung Salatschüssel und das Attribut »häßlich« verpaßt hat, ist ein Wertobjekt besonderer Art. Der Harvard-Student Dwight Filley Davis investierte zur Jahreswende die astronomisch hohe Summe von 2000 Dollar in das gute Stück. Heute wird wohl kein Juwelier der Welt mehr als 1000 DM für die 217 Feinunzen Silber bezahlen wollen – es sei denn, er ist ein unverbesserlicher Tennisfan – dann ist die Trophäe unbezahlbar.
Der junge Herr Davis fühlte sich sportlich wenig gefordert, weshalb er diese »International Lawn Tennis Challenge Trophy« ins Leben rief. »Wir sollten einen großen internationalen Wettbewerb ins Leben rufen«, begründete er seine Investition und verstand unter »international« damals vor allem die als reichlich überheblich verschrie-

Eine Sternstunde des Tennis: Der Sieg der deutschen Daviscup-Mannschaft in Göteborg, 1988

enen Briten. Dwight F. Davis schrieb sich die Finger wund, aber die Engländer hatten wenig Lust, wegen einer Silberschüssel bis in die Neue Welt zu dampfen. Erst als von Feigheit die Rede war, schickten die Engländer 1900 eine Reservemannschaft. Der Pokal blieb in Boston, und 1901 blieben die Amerikaner buchstäblich auf ihrem schönen Stück sitzen, weil sich kein Gegner fand. Ein Jahr später schickten die Engländer ihr stärkstes Team, verloren aber trotzdem 2:3, weil sie nicht mit dem nötigen Ernst an die Angelegenheit herangegangen waren. 1903 entführten die Briten die Schüssel aus den USA. Sie wanderte 1907 für vier Jahre nach Australien, dann stand sie zwei Jahre lang wieder in London. Dort holten sich die Amerikaner das gute Stück im Jahr 1913 wieder ab, um es gleich wieder an die starken Australier zu verlieren. Trotzdem sind die USA mit 29 Titeln Rekordhalter, gefolgt von Australien mit 26 Erfolgen. Deutschland gewann den Daviscup 1988 und 1989.

French Open – Denkmal für die Musketiere

Zwei Großereignisse prägten die Französischen Meisterschaften. Das erste war die Weltausstellung des Jahres 1889 in Paris und das zweite der Husarenstreich der vier Musketiere René Lacoste, Jean Borotra, Henri Cochet und Jacques Brugnon 1927 im fernen Philadelphia.
Die Weltausstellung veranlaßte eine Handvoll französischer Herren ein großes Turnier zur organisieren. Ein Jahr später fanden die ersten Französischen Meisterschaften im Saint-Cloud Park statt. Das zweite Großereignis fand weit entfernt von Paris in den Vereinigten Staaten statt. René Lacoste, Jean Borotra, Henri Cochet und Jacques Brugnon schlugen nach zwei klaren Niederlagen in Folge die Amerikaner im Daviscup-Finale. So entstand 1928 das Stade Roland Garros, um einen würdigen Rahmen für das Finale im Daviscup zu schaffen. Es wurde nach einem französischen Fliegerhelden benannt, der als erster Mensch mit dem Flugzeug übers Mittelmeer geflogen ist. 1928 im Mai wurde das Stadion für 8000 Zuschauer eingeweiht. Erster Meister wurde Henri Cochet, erste Meisterin Helen Wills-Moody. Sie gewann den Titel viermal in Folge. Rekordmeisterin ist Chris Evert mit sieben Titeln, bei den Herren führt Björn Borg die Rekordliste mit sechs Titeln an.
Den Franzosen bleibt die Erinnerung an große Zeiten mit dem viermaligen Champion Henri Cochet und René Lacoste, der dreimal gewann. Sie stehen jetzt in Bronze gegossen zusammen mit Jacques Brugnon und Jean Borotra auf dem »Platz der Musketiere«. Der letzte französische Champion war 1983 Yannick Noah. Dessen ungeachtet, kommen Jahr für Jahr mehr Zuschauer. 1992 rechnete man bereits mit mehr als 350000 verkauften Eintrittskarten.

Weitere internationale Meisterschaften

Herren: European Cup (ehem. Kings Cup), Mannschafts-Wettbewerb, seit 1936, zwei Einzel, ein Doppel. Deutschland gewann ihn fünfmal, die Schweden neunmal.
World Team Cup (ehemals Nations Cup), Mannschafts-Wettbewerb, Qualifikation über Weltranglistenpunkte, seit 1975, zwei Einzel, ein Doppel. Dreimal gewann die USA, zweimal Schweden, zweimal Spanien, zweimal die CSFR, einmal Deutschland (1989).
Grand Slam Cup, seit 1990, Qualifikation über die vier Grand Slams (Melbourne, Paris, Wimbledon, Flushing Meadow), Rekord-Preisgeld: 2 Mio. Dollar für den Sieger. 1990: Pete Sampras, 1991: David Wheaton.
Galea Cup, für Spieler 20 Jahre und jünger, gespielt werden vier Einzel und ein Doppel, seit 1950. Rekordsieger mit neun Titel ist Frankreich. Deutschland gewann 1976 einmal.
Vasco Valerio Cup, Jungen 18 Jahre und jünger, seit 1970, vier Einzel und ein Doppel, acht schwedische Siege, dreimal CSFR. Deutschland gewann 1976.

Frauen:
Annie Soisbault Cup, Frauen unter 20 Jahren, seit 1965, zwei Einzel, ein Doppel. Rekordsieger ist die CSFR mit acht Titeln.

Im September 1972 wurde die Spielervertretung der männlichen Profis gegründet, die ATP – »Association of Tennis Professionals«, die auch die offizielle Computer-Weltrangliste erstellt und seit 1990 eine eigene Turnierserie organisiert.

Profitennis – Das große Geschäft

Am Anfang des großen Kampfs um das Geld im Profitennis stand, etwas vereinfacht dargestellt, eine Auseinandersetzung zwischen Dollarmillionären und den internationalen Funktionären – die Ächtung der ersten Vollprofis durch den Weltverband und ein Streik gegen Wimbledon.

Schon 1968 hatte sich die ILTF (International Lawn Tennis Federation) dem Trend der Zeit gebeugt und ihre Turniere mit Preisgeld ausgestattet und sich den Profis geöffnet. Die internationalen Sportpromoter wurden aktiv, aber ein Außenseiter machte erst einmal das Rennen. Der texanische Öl- und Silberkönig Lamar Hunt hatte die damals acht besten Spieler, John Newcombe, Tony Roche, Niki Pilic, John Taylor, Cliff Drysdale, Pierre Barthés, »Butch« Buchholz und Denis Ralston vertraglich verpflichtet und 1971 einen eigenen Turnier-Circuit (World Championship Tennis) ausgeschrieben. Der internationale Verband sperrte daraufhin alle Vertragsspieler des Texaners. Im Gefolge dieser Aktion verlor die ILTF ihren Hauptsponsor, und im Januar 1972 kam es zu einer Einigung zwischen den Kontrahenten. Die WCT konnte ihren Turniercircuit vom Januar bis Mitte Mai abwickeln, den Rest des Jahres sicherte sich die ILTF. Der Jugoslawe Niki Pilic wurde ein Jahr später von seinem nationalen Verband für ein Jahr gesperrt, weil er zu einem Daviscupspiel nicht anreiste. Pilic hatte in einem WCT-Turnier im Doppel das Finale erreicht. Die im September 1972 neugegründete Spielervertretung ATP forderte daraufhin den Boykott von Wimbledon durch seine Mitglieder. Nur Ilje Nastase und der Brite Roger Taylor weigerten sich, dem Boykottaufruf zu folgen. Es siegte in Wimbledon der Tscheche Jan Kodes, der Boykott brachte nichts ein, denn Wimbledon erlebte einen neuen Besucherrekord. Aber die ATP war gegründet und verlangte nach mehr Einfluß im Turniergeschehen. 1988 beschlossen die Profis in der ATP eine eigene Tour zu veranstalten, die 1990 realisiert wurde.

Die Geschichte der Profi-Damen ist vor allem die Geschichte der Amerikanerin Billi Jean King, die sich neben ihren außergewöhnlichen Erfolgen als Tennispielerin auch einen Namen als Frauenrechtlerin gemacht hat. 1970 gab es das erste Frauen-Profiturnier in Houston (Texas). Es gab insgesamt 2000 Dollar Preisgeld zu gewinnen. Es dauerte bis 1973, dann gründeten Billie Jean King und Rosie Casals gemeinsam mit einigen anderen Spielerinnen die Womens Tennis Association (WTA). Innerhalb kürzester Zeit bauten die Damen um Billie Jean King eine Tour auf, die jener der Herren in nichts nachstand.

Die Gleichberechtigung gegenüber den männlichen Profis steht immer noch im Mittelpunkt der Arbeit der WTA. So scheitert die Teilnahme der Tennisdamen am Grand Slam Cup im Moment nur noch an den Preisgeld-Vorstellungen der WTA, die ebenfalls 16 Teilnehmer und das gleiche Preisgeld (6 Millionen Dollar) wie die Männer es bekommen, verlangt.

Rechte Seite: Federation Cup, 1987 – die unterlegenen Amerikanerinnen Chris Evert und Pam Shriver gratulieren Steffi Graf und Claudia Kohde-Kilsch zu ihrem Erfolg.

Federation Cup – Das Gegenstück zum Daviscup

Es dauerte ein halbes Jahrhundert, bis auch die Frauen ihre inoffizielle Mannschafts-Weltmeisterschaft bekamen. Die ersten Versuche, es auch in dieser Hinsicht den Herren gleichzutun, datierten aus den Anfangsjahren der ITF. Mrs. Hazel Hotchkiss Wightman hatte einen solchen Wettbewerb für ihre Geschlechtsgenossinnen bereits 1919 vorgeschlagen. Er stieß auf wenig Gegenliebe. Immerhin fand 1923 aufgrund ihrer Bemühungen zum erstenmal ein Mannschaftsvergleich zwischen den USA und Großbritannien im *West Side Tennis Club* in Forest Hills statt. Es dauerte bis 1963, ehe man in der ITF die ursprüngliche Idee jener Mrs. Wightman wieder aufgriff. Zum 50jährigen Jubiläum des Weltverbandes wurde der »Ladies Cup« eingerichtet. Die Amerikanerinnen gewannen das erste Finale gegen Australien knapp mit 2:1. Im Gegensatz zum Wightman Cup wurden nur zwei Einzel und ein Doppel gespielt. 14mal hat die USA den Cup gewonnen, siebenmal gewann Australien und viermal die ČSFR. Deutschland holte sich die Weltmeisterschaft 1987 gegen die USA.

Vom Großen Schlag…

Kuebler Resonanz
Das Original

Von Krummhölzern und filzigen Bällen

Seinem Sportgerät widmet der Tennisspieler verständlicherweise die größte Aufmerksamkeit. Das war ganz besonders in jenen Tagen so, als man die Rackets noch aus einem Stück Holz heraussägte und mit Hilfe von Wasser und Dampf so weit krumm bog, daß man eine Besaitung hineinflechten konnte. Die guten Stücke verlangten eine intensive Pflege, sonst hatte man nicht sehr lange Freude an ihnen. Noch größer waren die Probleme mit dem, was man in den Anfängen des Tennis als Bälle benutzte. Erst Ende des 19. Jahrhunderts kam ein britischer Major auf die Idee, »indischen Gummi«, wahrscheinlich Kautschuk, zu benutzen.

Der Ball als Sportgerät ist wohl so alt wie die Menschheit selber. Runde Gegenstände zum Werfen wurden aus allen möglichen Materialien gefertigt. Den aus luftgefülltem Gummi und mit Filz umklebten Ball kennt man erst aus dem 19. Jahrhundert. Davor spielte man mit allem, was ein bißchen springen konnte. Die Römer benutzten für ihre Badehaus-Spielereien noch Blasen aus getrockneter Haut, die sie »mit einem Schlag des ganzen Armes ins Spiel« brachten. Beliebt war auch der *pila paganica,* ein mit Federn gefüllter Ball, mit denen sich vornehmlich die jugendlichen Römerinnen und Römer in den Gymnasien die Zeit vertrieben.

Geschichte des Tennisballs

Der Umzug des Tennis aus den parkettbelegten Hallen und von den steingepflasterten Plätzen auf den Rasen machte einen sprungkräftigen Ball unumgänglich. Der britische Major Gem, Mitbegründer des ersten reinen Tennisclubs der Welt, verwendete einen Ball »aus indischem Gummi« oder einer ähnlichen Substanz, »der für den weichen Boden die richtige Anwort wüßte«, wie er in einer Veröffentlichung der Zeitschrift »The Field« im Jahr 1872 mitteilen ließ. Ein rechtes Tennisgefühl wollte sich damit aber wohl trotzdem nicht einstellen, denn der Ball war nicht nur schnell, er nahm »auch keinen Schnitt« an.

Es dauerte noch bis zum 4. Dezember 1874, als in »The Field« endlich eine Entdeckung verkündet wurde, die als die Geburt des Tennisballs bezeichnet werden kann. Ein gewisser John M. Heathcote hatte den Gummiball jenes Major Gem mit weißem Flanell umklebt, der den schnellen Flug des Balles abbremste und »auch einen Spin« möglich machte. In jenen Regeln, die der *All England Croquet Club* im Jahr 1875 übernahm, wurde dieser Flanell-Überzug zum erstenmal ausdrücklich erwähnt. Allerdings machte man die Einschränkung »zumindest zum Gebrauch bei schönem Wetter«.

Später beklebte man den Ball mit Filz, der Kern aus Kautschuk wurde mit Luft gefüllt, und man legte Mindest- und Höchstmaße fest. Das Gewicht wurde erst auf 1,25 bis 1,5 Unzen (50 bis 60 Gramm) festgelegt, dann zu Beginn des 20. Jahrhunderts auf das heute noch gültige Gewicht von 56,7 bis 58,4 Gramm

1874 wird die Geburt des Tennisballs verkündet: Weißer Flanell umhüllt den Gummiball des Major Gem. Später beklebt man den Ball mit Filz, der Kautschuk-Kern wird mit Luft gefüllt.

Linke Seite: Die Entwicklung des Rackets vom vergleichsweise simpel gefertigten Holzschläger zum »High-tech-Schlaginstrument«.

Die Entwicklung des Tennisballs: Von den ersten Versuchen bis zum »Wimbledonball« (unten rechts), wie er schon im Jahr 1902 benutzt wurde.

Den aus luftgefülltem Gummi bestehenden und mit Filz umklebten Ball kennt man erst aus dem 19. Jahrhundert. Davor spielte man mit allem, was ein bißchen springen konnte.

festgeschrieben. Erster Wimbledon-Lieferant war die Firma Jeffries u. Co in Woolwich. Seit 1902 werden in Wimbledon Bälle der Firma Slazenger gespielt.
Man unterscheidet zwischen *luftgefüllten Bällen* und *drucklosen Bällen.* Bei der modernen Ballproduktion wird immer noch hochwertiger Kautschuk verwendet, dem Sand und Salpeter beigemischt wird. Der Druck bei luftgefüllten Bällen wird auf unterschiedliche Weise in den Ball gebracht. Während beispielsweise die Luft kurz vor dem Vulkanisieren der beiden Ballhälften in die Hohlräume der Presse gedrückt werden kann, ziehen andere Hersteller eine Methode vor, bei der eine chemische Reaktion während des Vulkanisierens den Innendruck des Balles erzeugt.

Geschichte des Tennisschlägers

Das erste Racket, welches mit einem Saitengeflecht ausgestattet war und somit schon eine gewisse Ähnlichkeit mit einem Tennisracket aufwies, stammt aus dem Jahr 1555 und hatte einen Beidhandgriff. Weil man damals noch keine Besaitungsmaschinen kannte, knotete man die Saiten an den Kreuzungspunkten zusammen. Damals bestimmte in der Regel die Fertigungsmethode die Form des Rahmens. Man suchte sich ein passendes Stück Holz, bog es zu einer Ellipse und verband die beiden Enden zu einem Griff. Anfangs bestand so ein Racket-Rahmen aus einem einzigen Stück Holz. Auch die Griffe bestanden aus reinem Holz; luxuriöse Rackets bekamen einen

Zur Geschichte des Tennis-Rackets: Vom Modell aus dem Jahr 1555 mit Beidhandgriff (obere Reihe links) über ein ganz aus Stahl gefertigtes Exemplar aus dem Jahr 1910 (obere Reihe rechts) und das sagenumwobene »Krokodil« (unten links) bis zum ersten Verkaufsschlager aus dem Hause Spalding (unten rechts).

gedrechselten Griff, damit der Schläger nicht so sehr in der Hand rutschte. Griffleder wurde erst mit der Erfindung des Major Wingfield populär.

Die ersten Compound-Rackets

1886 kamen Rackets auf den Markt, die den modernen Rackets in der Form schon verblüffend ähnlich waren. Die Knoten im Saitenbett verschwanden, und es wurde auch schon ein wenig mit verschiedenen Schlägergrößen experimentiert. Man entwickelte die *Compound-Technik* (Kombination unterschiedlicher Materialien) und versuchte auf diesem Weg die Stabilität der weichen Schlagwerkzeuge zu erhöhen. Das französische Unternehmen »Dowling« brachte 1910 ein Racket auf den Markt, welches durch Umwicklungen an bestimmten Stellen des Rahmens zusätzliche Stabilität bringen sollte. 1930 wurde mit dem *Dayton* der Versuch gemacht, ein Racket ganz aus Stahl, einschließlich der Besaitung, herzustellen.

Versuche mit Metall

Der erste Verkaufsschlager war ein *Spalding,* der ebenfalls 1930 auf den Markt kam; im selben Jahr brachte René Lacoste mit seinem *Krokodil* den ersten erfolgreichen Metallrahmen auf den Markt. Die Konstruktion wurde später von der Firma Wilson übernommen, und das Modell »T2000« spielte Jimmy Connors bis in die

80er Jahre. Das Besondere daran ist die Aufhängung der Besaitung, die nicht von Bohrlöchern im Rahmen, sondern über eine Drahtkonstruktion um den Rahmen herum getragen wurde.

Drehmomente und Formen-Poker

Mit dem ersten reinen Kunststoff-Racket, dem *Zebra* des deutschen Ski-Produzenten Völkl, brach 1968 ein neues Zeitalter im Racketbau an. Die Rackets konnten jetzt in jede beliebige Form gebracht werden. Innerhalb von rund zwölf Jahren waren die Holzrackets praktisch vom Markt verschwunden. Mit dem *Prince Pro,* welches Howard Head zur Mitte der 70er Jahre auf den Markt brachte, wurden »Oversize-Rackets« populär. Während die Schlagfläche eines Normal-Rakkets etwa 480 cm^2 groß ist (190 squareinch), brachte es der Prince auf rund 700 cm^2. Gleichzeitig versuchten die Konstrukteure auch das »Trimmen« der Rakkets mittels beweglicher Teile am Tennisracket-Griff zu ermöglichen.
Das Unternehmen Kneissl brachte Mitte der 80er Jahre den *Vario* mit einer Schraube am Griffende in die Geschäfte. Diese Schraube verschob ein Gewicht im Griff und erhöhte oder verringerte so die

Das legendäre »Krokodil« von René Lacoste, wie es bis in die 80er Jahre hinein noch gefertigt wurde.

Grifflastigkeit. Konstrukteur Günther Adam, der schon den ersten Vollkunststoffrahmen der Welt produziert hatte und auch das Puma-Racket entwickelte, mit welchem Boris Becker 1985 Wimbledon gewann, konstruierte mit dem »PCS«-System für das Unternehmen Puma ein Tuning-System, bei dem man mittels einer Schraube am Griff-Ende die Länge des Rackets verändern konnte, womit ebenfalls die Grifflastigkeit manipuliert wurde.
Anfang der 80er Jahre brachte Siegfried Kübler, Flugzeugbauer und Schriftsteller, mit dem *Kübler Resonanz* einen ersten »Hochprofil«-Rahmen auf den Markt und revolutionierte damit den Racketbau. Seine Konstruktion mit extrem hartem Rahmen ließ härtere Besaitungen zu und erhöhte so wesentlich die Ballbeschleunigung. Etwa im gleichen Zeitraum kam von Björn Borgs Ex-Coach Lennart Bergelin mit dem *Longstring* ein Racket auf den Markt, bei dem die Besaitung in einer langen Saite über eine verstellbare Schraube gelenkt wurde. So ließ sich die Besaitungshärte stufenlos variieren. Eine verbesserte Version dieses Systems ist in dem Racket *»Protagon«* versteckt, welches auch 1992 noch angeboten wurde.

Das Ende des Hochprofils?

Wie schnellebig die Zeit auch im Schlägerbau geworden ist, macht ein Blick in die Racketregale deutlich. Waren Normalprofile Ende der 80er Jahre nicht mehr zu verkaufen, so sind die Hersteller jetzt wieder auf das physikalisch vernünftige Rundprofil umgestiegen. Bei den Herstellern wird ständig mit neuen Materialien experimentiert. So kommt von Prince ein Racket, welches aus einem Material gefertigt ist, das sich bei großer Beanspruchung in Sekundenbruchteilen versteift und bei langsamen Schlägen weich bleibt. Für die Rackets werden immer neue Materialien verwendet, die den »Schlagschock« dämpfen sollen, und neue Masseverteilungen im Rahmen machen die Rackets immer schneller.

Rackets, die Geschichte machten: Der erste Vollkunststoff-Rahmen von Völkl (links), daneben das Konkurrenzmodell aus Japan, ganz rechts der Bergelin »Longstring«.

Was man vom Racket wissen sollte

Balancepunkt: Gewichtsneutraler Punkt am Racket. Zeigt an, ob das Racket griff- oder kopflastig ist.

Balltouch: Rückmeldung des Rakkets an die Hand des Spielers. Notwendig zur Kontrolle.

Bleiband: Selbstklebend, erhöht das Kopfgewicht am Racket.

Dämpfung: Absorption der Schwingungen im Racket. Völlige Dämpfung verhindert *Balltouch* (Gefühl).

Darmsaite: Aus Rinder- oder Schafsdärmen gefertigtes Naturprodukt (auch: Natural-Gut). Weniger reißfest als Kunstsaiten, dafür aber länger spielfähig, da die Saite weniger nachgibt. Hobbyspieler, die weniger spielen, fahren mit einer Darmsaite günstiger. Schädlich wirken Sand und Wasser.

Dumper: Dämpfer, die (in der Schlagfläche zwischen die Saiten geklemmt) die Saitenschwingungen dämpfen sollen. Vermindert den *Balltouch* (Gefühl).

Gewichtsverteilung: Gewicht im Racketkopf = kopflastig, mehr Beschleunigung;
Gewicht im Griff = grifflastig, gefühlsmäßig leichter, einfacher zu handhaben *(Volley)*.

Griffgröße: Angabe generell in Zoll (Inch). Angegeben wird dabei nur der Wert über 4 Inch. Grundwert 4.0 entspricht einem Umfang von 10,16 cm. Griffstärke 6 entspricht einer Griffstärke von 4 6/8 Zoll = 12,02 Zentimeter. Entgegen früherer Angaben wählt man die Griffstärke nicht mehr aus, indem man zwischen Fingerspitzen und Handballen eine Fingerbreite Platz läßt. Es

Mindestens einmal im Vierteljahr sollte das Rakket von einem Fachmann überprüft werden. Eine abgespielte Besaitung belastet den Arm.

sollte lediglich vermieden werden, daß die Fingernägel sich beim Griff in den Handballen bohren.

Größe: Länge und Höhe des Rakkets und der Schlagfläche sind in den Tennisregeln festgelegt (siehe auch Seite 72 f.).

Kopfschutzband: Selbstklebendes Band zum Schutz des Racketkopfes und der Besaitung.

Kontrolle: Gefühl für Länge und Geschwindigkeit des geschlagenen Balles. Wird vom Racket über den Griff vermittelt.

Kunstsaite: Aus synthetischen Materialien gefertigte Tennissaite. Man unterscheidet dabei *Monofile*-Saiten (aus einem Stück), *Multifile*-Saiten (aus mehreren Einzelsaiten gedrehte, gestrickte, gewickelte Konstruktionen), *Hohlsaiten* (mit Flüssigkeit gefüllte Saiten, beispielsweise Öl). Vielspieler fahren günstiger mit einer Kunstsaite.

Ösenband: Schützt die Saite an den Saitenlöchern vor Beschädigungen. Sollte bei jeder Neubesaitung erneuert werden.

RA-Wert: Racket-Härtegrad-Wert auf einer Skala des Babolat-RA-Meßgerätes von 0–100 (Höchstwert).

Saitengewicht: (auch Bespannungsgewicht oder Bespannungshärte), wird in Kilogramm angegeben. Das Gewicht wird auf der Besaitungsmaschine eingestellt. Jede Saite wird mit diesem Gewicht in das Racket gezogen. Je nach Racketgröße ergibt die Besaitungshärte (20 kg = hohe Beschleunigung, viel Gefühl, wenig Kontrolle, gute Armschonung, 30 kg = weniger Beschleunigung, viel Kontrolle, wenig Armschonung) dem Rakket bestimmte Spielqualitäten. Das Racket sollte wenigstens im Vierteljahr einmal vom Fachmann überprüft werden. Eine abgespielte Besaitung belastet den Arm.

Schlagflächengröße: Normgröße = 480 cm^2. Angaben in Prozent über Norm (+40% = 672 cm^2).

Schwunggewicht: Auch als *Swing-Weight* bekannt. Gibt die Verteilung des Gesamt-Gewichts des Rackets auf seine Länge wieder. Man unterscheidet dabei zwischen dem mathematischen Wert (Gewicht/Balancepunkt = Schwunggewicht) und dem dynamischen Wert, der von einem Meßgerät mit der Auswertung von Schwingungen ermittelt wird. Am Schwunggewicht läßt sich erkennen, ob ein Racket griff- oder kopflastig ist.

Swing-Weight: Dynamische Messung über Gewichtsverteilung im Racket, Werte: USL: UltraSuperLight = Racket für Kinder/Anfänger, XSL: ExtraSuperLight = Racket für Anfänger, SL: SuperLight, L: Light, LM: Light-Medium = für fortgeschrittene Spieler, M: Medium = für sehr gute Spieler.

Die Bodenbeschaffenheit

Beachten Sie bei der Auswahl Ihrer Schuhe auf jeden Fall, auf welchem Bodenbelag Sie meistens spielen. Zwar gibt es den klassischen Hallenschuh wegen der modernen Materialien an den Sohlen nicht mehr, wenn Sie jedoch hauptsächlich auf Sand spielen, ist ein gutes Profil sehr wichtig.

Letzter Schliff vor dem Match: In Wimbledon werden die Linien mit Kreide gezogen.

Die Graslänge in Wimbledon beträgt 2,7624 mm.

Verschiedene Bodenbeläge

Beton: In den Vereinigten Staaten weit verbreitet. (Hohe Belastung für die Gelenke.) Es werden verschiedene Mischungen für die Oberschicht verwendet. Bei den US Open beispielweise ist ein hoher Bitumenanteil verwendet worden, dadurch weicher, aber bei Regen auch spiegelglatter Boden.

Canada-Tenn: Ganzjahresfähiger Sandbelag aus zerstoßenem Basaltgestein. Stumpfer als Rotsand, in der Regel hellblau oder steingrau.

Gras: Ehemals gebräuchlicher Bodenbelag. Erfordert sehr viel Pflege. Wird heute nur noch auf wenigen Turnierplätzen angeboten. Bekanntestes Turnier: Wimbledon (Graslänge: 2,7624 mm!).

Kunststoffbeläge: Glatte Hallen-Bodenbeläge aus verschiedenen Kunststoffen von Linoleum über Stragula bis Gummi. Der populärste Bodenbelag dieser Gattung ist der *Supreme-Court*-Belag, der bei den meisten Profiturnieren verwendet wird. Neu auf dem Markt jetzt auch *GreenSet.*

Quarzsand-gefüllte Teppichböden: In der Regel aus Polygras, der mit feinem Sand aufgefüllt wird. (Gelenkschonend.) Für Wettkampftennis weniger gut geeignet, da unterschiedlich gleitfähig.

Sand: Weltweit führender Tennisbelag. Größte Verbreitung in Europa. Gelenkschonend, aber wetteranfällig, muß jedes Jahr instand gesetzt werden. Der Unterbau besteht aus einer 6 cm dicken Schicht Schottersteine, 25 cm Schlacke, 6 cm dicker »dynamischer Schicht« aus Lavagestein, 3 cm Deckschicht aus drei verschiedenen Lagen Sand in unterschiedlicher Körnung. Der »Rotsand« wird aus gebranntem Ton hergestellt. Den Abschluß bildet eine dünne Schicht in feiner Körnung.

Teppichfilz: Im Tennishallenbau häufig verwendeter glatter, florloser Teppichbelag mit guten Spieleigenschaften.

Teppichflor: Populärer Belag für Indoor-Anlagen. Schneller Belag, läßt sich durch entsprechende Verlegung (gegen den Strich) langsamer oder noch schneller machen.

Die Tennisregeln: Von A wie Aufschlag bis V wie Vorteil

Ohne Regeln geht auch im Tennis nichts. Nehmen Sie es von der positiven Seite: Regeln helfen Streit zu vermeiden und Freundschaften zu bewahren. Die Tennisregeln haben sich seit dem 9. Juli 1879 nicht mehr wesentlich verändert. Zwar wurden die Höhe des Netzes, die Regeln über den Aufschlag und auch die Zählweise nach und nach modifiziert, ansonsten aber hat sich das, was damals von den drei Regelexperten Julian Marshall, J. M. Heathcote und Henry Jones für das erste Wimbledon-Turnier ausgeknobelt wurde, über die Jahre hinweg behauptet.

Im Frühjahr 1874 erschien Walter Clopton Wingfields Broschüre »The Game of Sphairistiké«. Der »Erfinder« der Tennisregeln hatte sich dabei an damals populären Vorbildern orientiert und mußte sich einige Plagiatsvorwürfe gefallen lassen.

Als Erfinder der Tennisregeln muß man wohl jenen britischen Major Walter Clopton Wingfield nennen, obwohl nicht mehr viel von dem übrig blieb, was er am 23. Februar 1874 als Patent angemeldet hat. Mit 40 Jahren zurückgekehrt von einem Einsatz in China suchte er nach neuen Lebensinhalten. Er sammelte Zeitungsausschnitte, weil er an einem Buch »Führer durch den Sport« arbeitete. Bei dieser Tätigkeit kam ihm die Idee für eine neue Sportart, »die man auf dem grünen Rasen bei den Clubhäusern vortrefflich betreiben« könnte, auf denen man bis dahin lediglich Krocket spielte.

Wingfields Patent – ein Plagiat?

Der britische Offizier war vor allem von den kommerziellen Möglichkeiten einer neuen Ballsportart angetan. Ein Bericht über einen »Sport, den man auf Rasenplätzen mit einem Racket spielt und den man nicht Badminton nennen kann«, in der Zeitschrift »The Field« brachte ihn auf die Idee, sich eine solche neue Sportart patentieren zu lassen. So war es nur natürlich, daß er hinterher immer deutlicher eines Plagiats beschuldigt wurde. Sein Geschäft aber florierte.

Vom Stundenglas zum Tenniscourt

Im Frühjahr 1874 erschien Wingfields Broschüre »The Game of Sphairistiké or Lawn Tennis«. Darin schreibt er vor, daß zwischen zwei 20 Fuß (ca. 6,10 m) weit auseinanderstehenden Pfosten ein Netz gespannt werden sowie an beiden Seiten der Pfosten ein dreieckiges Netz gespannt sein muß, welches der Pfosten in zwei gleichgroße Dreiecke teilt. Die dreieckigen Netze bildeten zugleich die seitliche Begrenzung des Platzes. Alles wurde durch Schnüre und Pflöcke im Boden festgehalten.

Wingfield hatte als Vorbild für seine neue Erfindung vor allem das damals populäre *Court Tennis* sowie ein Spiel mit dem Namen *Racket* im Kopf. Diese wurden aber in Hallen ausgeübt, Wingfield brachte den Sport auf die Wiese. Auch bei den Regeln orientierte er sich am *Racket* und am *Court Tennis.* Wie beim letzteren mußte der Aufschlag aus dem trapezförmigen kleineren Feld in eines der beiden Aufschlagfelder auf der anderen Seite des Netzes geschlagen werden. Der in Netzhöhe schmalere Court wurde von Wingfields Kritikern übrigens als »Stundenglas«-Court verhöhnt. Die Zählweise hatte Wingfield ebenfalls dem *Racket* entlie-

hen. Punkten konnte immer nur der Aufschläger, der *hand in* war. Sein Gegner war so lange *hand out,* bis der Aufschläger einen Fehler machte. Dann wechselte das Aufschlagrecht.
1875 übernahm der renommierte *Marylebone Cricket Club,* damals die höchste Regelbehörde des Lawn Tennis, die *Sphairistiké-* oder *Lawn-Tennis*-Regeln. Wingfields Idee wurde nur leicht abgeändert. So sollte das Netz drei Fuß breiter und in der Mitte um acht Zoll niedriger sein. Wingfields Zählweise übernahm man zwar ebenfalls, aber der Aufschläger mußte jetzt mit einem Fuß außerhalb der Grundlinie stehen. Landete der Ball im Netz, so wechselte das Aufschlagrecht; landete er außerhalb des gültigen Feldes, so ging der Punkt an den Gegner.

Regel-Kommission

Im selben Jahr baute der All England Croquet Club in Wimbledon seinen ersten Lawn Tennis Court, erweiterte zwei Jahre später seinen Namen auf *All England Croquet and Lawn Tennis Club.* Als man die Regeln studierte, stieß man auf Probleme. Inzwischen hatten sich zahlreiche Variationen breitgemacht. Die Netze hingen unterschiedlich hoch, ein Club hatte ein Handicap für gute Spieler in Form einer höher gespannten Schnur entwickelt, und gezählt wurde so, wie es dem jeweiligen Club gerade lieb war. Also setzte man in Wimbledon eine Regelkommission ein. Berufen wurden jene drei Männer, die schon im Vorspann zu diesem Kapitel erwähnt sind. Nachzutragen ist nur, daß es sich bei jenem Mr. Heathcote um einen Bruder jenes Mannes handelte, dem wir den tuchumwickelten Tennisball verdanken.
Das Komitee ließ von Wingfields Regeln nicht viel übrig. Das »Stundenglas«-Spielfeld wurde rechteckig, die Netzpfosten kamen aus dem Spielfeld heraus, das Netz wurde niedriger. Die dem *Racket* entsprechende Zählweise wurde endgültig abgeschafft, gezählt wurde nach dem System des älteren *Court Tennis* mit 15–30 und 45 Punkten. Die Spieler wechselten nach jedem Satz die Seiten. Bei 5:5-Gleichstand reichte der Gewinn des nächsten Spieles zum Gewinn des Satzes aus. Der *zweite Aufschlag* wurde eingeführt.

Das Netz rutscht tiefer

1883 wurde die Höhe des Netzes noch einmal herabgesetzt. Die Aufschlaglinien rückten näher an das Netz heran. Der Aufschläger mußte nun mit beiden Füßen hinter der Grundlinie stehen. Der Aufschlag, der das Netz berührte und anschließend noch ins richtige Feld fiel, konnte von da an wiederholt werden. Die Bälle wurden leichter, das Ballgewicht wurde auf 35,5 bis 42,5 g (eineinviertel bis eineinhalb Unzen) festgelegt. Der Flanellüberzug mußte von Hand genäht sein und durfte keine dicken Nähte haben.
1968 wurde der Tiebreak zur Abkürzung der Entscheidung beim Stande von 6:6 eingeführt. Sein Erfinder war der Amerikaner James Henry Van Alen. Die Tiebreak-Regel gilt in Wimbledon, bei den French und Australian Open sowie im Davis-Cup nicht im entscheidenden fünften Satz (dritter Satz bei den Damen). Im Davis-Cup wurde der Tiebreak erst 1989 eingeführt.

Um die Entscheidung beim Stand von 6:6 abzukürzen, wurde im Jahr 1968 der Tiebreak eingeführt.

Ein Netzpfosten an historischer Stätte: auf dem Centre Court von Wimbledon.

Alphabetisches Regel-Register

Mit diesem alphabetisch sortierten Register gelingt es Ihnen, die wichtigsten Streitfragen im Alltagsleben auf dem Court zu regeln. Wer sich für das komplette internationale Regelwerk interessiert, findet im Literaturverzeichnis (Seite 154f.) einen entsprechenden Hinweis.

Aufschlag: Spielsituation, mittels welcher der *Ball* ins Spiel gebracht wird. Das *Aufschlagrecht* wird durch *Los-Entscheid* vergeben. Der Aufschlag wechselt nach jedem *Spiel* und im *Tiebreak* außer nach dem ersten *Punkt* immer nach zwei entschiedenen Punkten. Neben der *Aufschlagposition* und der Ballflugrichtung gibt es keine Vorschriften, wie der *Ball* beim Aufschlag geschlagen werden muß, außer der, daß der *Rückschläger* seine *Spielbereitschaft* deutlich gezeigt haben muß. Jeder Aufschläger hat zwei Versuche pro Aufschlag, außer er darf *Aufschlagwiederholung* für sich geltend machen.

Beim Aufschlag muß der Rückschläger seine Spielbereitschaft deutlich gezeigt haben. Der Aufschlag beginnt in jedem Spiel von rechts.

Aufschlagausführung: Unmittelbar vor dem Aufschlag muß der Aufschläger mit beiden Füßen in Ruhestellung hinter der Grundlinie (siehe *Aufschlagposition*) stehen. Der Ball wird vom Aufschläger mit einer Hand in eine beliebige Richtung geworfen und mit dem *Racket* geschlagen, bevor der Ball den Boden berührt.

Aufschläger: Spieler mit dem Recht zum Aufschlag.

Aufschlagfeld: 6,40 m langes und 8,23 m breites Feld am Netz, welches durch die *Aufschlagmittellinie* in eine linke und rechte Hälfte geteilt wird und in der der *Ball* beim *Aufschlag* zuerst aufspringen muß.

Aufschlagposition: Der *Aufschlag* beginnt in jedem Spiel von rechts. Der *Aufschläger* muß rechts von dem *Mittelzeichen* Position beziehen bei Aufschlag von rechts – und links vom *Mittelzeichen* bei Aufschlag von links. Aufgeschlagen wird von rechts nach links (ins rechte Aufschlagfeld vom *Rückschläger* aus gesehen), in der Fortsetzung entgegengesetzt. Zur Verfügung steht die gesamte Breite des *Spielfeldes* bis zur *Seitenlinie Einzel* beim Einzel und der *Seitenlinie Doppel* beim Doppel. Der *Aufschläger* muß beim *Aufschlag* mit den Füßen hinter der *Grundlinie* bleiben, darf während des *Aufschlages* weder laufen noch gehen und darf sie auch mit keinem Teil des Fußes berühren, bis der *Ball* das *Racket* verlassen hat. Tritt der *Aufschläger* vorher auf die Grundlinie oder verläßt er seine Position bevor der Ball geschlagen wurde, gilt das als *Fehler.* Als *Fußfehler* gilt auch, wenn der *Aufschläger* mit einem Fuß die gedachte *Verlängerung* der *Seitenlinie* beoder übertritt.

Aufschlagwiederholung: Wenn der Aufschlag ausgeführt wird, bevor der Rückschläger bereit war (siehe auch *Spielbereitschaft*), oder wenn der Ball, bevor er den Boden berührt, das *Netz,* die *Netzeinfassung* oder den *Netzhalter* berührt, ansonsten aber korrekt im *Aufschlagfeld* aufspringt, wird der Aufschlag wiederholt. Vorausgesetzt, die vorstehenden Bedingungen wurden erfüllt, kann der *Aufschlag* so oft wie erforderlich wiederholt werden, bis er ordnungsgemäß ausgeführt ist.

Auslosen: Per Los wird entschieden, wer *Seitenwahl* oder *Aufschlag* hat. Gelost wird entweder mit dem *Racket* oder mit einer Münze. Entscheidet sich der Gewinner der Auslosung für Aufschlag, fällt dem Gegner die Seitenwahl zu.

Ball: Der Ball darf nur einfarbig gelb oder weiß sein und muß mit einer Schicht aus flauschigem *Filz* umhüllt sein. Der *Balldurchmesser* muß mindestens 6,35 cm und höchstens 6,67 cm betragen, das *Ballgewicht* muß mindestens 56,7 g und höchstens 58,47 g betragen. Wenn er aus 2,54 m Höhe auf eine harte Unterlage fällt, muß er mindestens 1,35 m hoch, aber nicht höher als 1,47 m hochspringen. Er muß sich auf einen Druck von 8,165 kg nach innen um 0,56 bis 0,74 cm verformen und dann eine Rück-Deformation von nicht weniger als 0,89 bis 1,08 cm nach außen aufweisen.

Balldurchmesser: Siehe *Ball.*

Ballgewicht: Siehe *Ball.*

Behinderung: Wird einer der Spieler durch etwas, auf das er keinen Einfluß hat (Bälle vom Nachbar-Court, Papierfetzen etc., in seinem Schlag behindert, so wird der Punkt wiederholt (»Let«), als wäre der letzte Ball gespielt.

Besaitungsfläche: Die Besaitung muß flach sein und aus einem Muster sich kreuzender Saiten bestehen, die am Rahmen befestigt und in den Kreuzungspunkten abwechselnd verflochten oder verbunden sind. Das Flechtmuster muß völlig gleichmäßig sein, es darf in der Mitte nicht weniger dicht sein als in irgendeinem anderen Bereich.

Der Ball muß einen Durchmesser von mindestens 6,35 cm und höchstens 6,67 cm haben. Sein Gewicht muß mindestens 56,7 g und höchstens 58,47 g betragen.

Jeder Spieler hat einen Anspruch auf eine fünfminütige Einschlagzeit vor dem Beginn eines Tennismatchs.

Doppelfehler: Punkt für den *Rückschläger,* wenn *Aufschläger* bei beiden Aufschlagversuchen *Fehler* gemacht hat.

Doppelspielfeld: Um 2,74 m verbreitertes *Einzelspielfeld,* dessen *Aufschlagfeld* jedoch die gleiche Größe hat wie das Einzelspielfeld. Die Netzpfosten stehen 91,4 cm außerhalb des Spielfeldes.

Einschlagzeit: Jeder Spieler hat Anspruch auf 5 Minuten Einschlagzeit vor Beginn des Matches.

Einzelspielfeld: 2,74 m schmaler als das Doppelspielfeld. (Siehe auch: *Spielfeld.*) Wird auf einem als Doppelspielfeld eingerichteten Platz Einzel gespielt, muß das Netz seitlich durch *Einzelstützen* auf 107 cm angehoben werden. Die Einzelstützen bzw. Netzpfosten müssen 91,4 cm außerhalb des Spielfeldes stehen.

Einzelstütze: Hilfsstütze, die 107 cm hoch sein muß und 91,4 cm von der *Einzelspielfeld*-Seitenlinie entfernt das Netz auf beiden Seiten des *Spielfeldes* auf 107 cm Höhe stützt.

Fehler: Als Fehler und Punkt für den Gegner wird gewertet, wenn
- der Ball beim *Aufschlag* vom *Aufschläger* beim Schlagversuch verfehlt wird;
- der Ball, bevor er im gegnerischen Feld aufspringt, eine *ständige Einrichtung* (mit Ausnahme des Netzes, der *Netzeinfassung* oder des Netzhalters) berührt;
- ein Spieler den Ball spielt, bevor dieser das Netz überquert hat;
- der Ball zweimal hintereinander in einer Spielhälfte aufgesprungen ist;
- der Ball, bevor er richtig aufgesprungen ist, eine *ständige Einrichtung* berührt;
- ein Spieler statt den *Ball* zu schlagen diesen auf dem Racket trägt oder mit seinem *Racket* bei einem Schlag mehr als einmal berührt;
- der im Spiel befindliche *Ball* den Spieler berührt oder irgend etwas anderes, was dieser mit sich führt;
- der Spieler sein *Rakket* nach dem *Ball* wirft und den Ball dabei berührt;
- ein Spieler oder das von ihm benutzte *Racket* das *Netz,* die Pfosten, das Seil, Metallkabel oder den Boden im *Spielfeld* seines Gegners berührt, während der *Ball* noch im Spiel ist;
- der *Ball* nach dem *Aufschlag,* bevor er den Boden berührt, den *Rückschläger* (beim Doppel auch dessen Partner oder

irgend etwas, was diese tragen oder mit sich führen) einschließlich der *Rakkets* berührt (Punkt für den Aufschläger);
– der *Ball* nach dem *Aufschlag* beim Doppel den Partner des Aufschlägers oder eine *ständige Einrichtung* trifft, bevor er im richtigen Feld aufgesprungen ist.

Filz: Flauschige Umhüllung des Balles. Stabilisiert das Flugverhalten und muß eine bestimmte Dichte aufweisen.

Grundlinie: Begrenzung des *Spielfeldes* an der Schmalseite. Beim *Aufschlag* darf die Grundlinie vom Aufschläger nicht übertreten werden.

ITF: International Tennis Federation, Tennis-Weltverband.

Keine Fehler: Nicht als Fehler gewertet wird ein Ball, wenn
– er nach dem richtigen Aufsprung zurück in des Gegners Hälfte springt und erst dort, hinter dem *Netz,* geschlagen wird;
– der *Ball* ohne Berührung durch die Lücke zwischen *Netz* und *Netzpfosten* gespielt wird;
– der *Ball* um den *Netzpfosten* herum richtig in des Gegners Feld gespielt wird;
– der *Ball* nach dem *Aufschlag* das *Netz,* die *Netzkante* oder Netzeinfassung berührt und oberhalb der Netzkante das *Netz* überquert und anschließend im richtigen Feld aufspringt;
– der *Ball* einen anderen, im *Spielfeld* herumliegenden *Ball* trifft; wenn der *Ball* innerhalb des richtigen Spielfeldes liegt.

Let: Aufruf zur Wiederholung des Aufschlages, Einstellung des Spielbetriebes. Wird angewandt, wenn das Spiel durch herumfliegende Gegenstände oder andere Umstände gestört wird.

Linien: Begrenzungen des Spielfeldes. Man unterscheidet *Grund-, Seiten-, Aufschlag- und Aufschlagmittellinien (auch T-Linie)* sowie *Mittelzeichen.*

Mittelzeichen: Mittelmarkierung an der *Grundlinie* in der gedachten Verlängerung der *Aufschlagmittellinie.* Beim *Aufschlag* darf diese Markierung zur anderen Hälfte hin nicht überschritten werden.

Netz: Das Netz teilt die Spielfläche in zwei gleiche Teile. Es wird zwischen zwei *Netzpfosten* gespannt und nötigenfalls *(Einzelspielfeld)* durch Einzelstützen abgestützt. Es muß so engmaschig sein, daß kein *Ball* hindurch kann. Das *Netz*

Wenn das Spiel durch herumfliegende Gegenstände oder andere Umstände gestört wird, ertönt der Ruf »Let«. Daraufhin ist der Spielbetrieb einzustellen und der Aufschlag zu wiederholen.

Das Tennisracket darf höchstens 81,28 cm lang sein. Am Rahmen einschließlich Griff und den Saiten dürfen keine hervorstehenden Gegenstände befestigt sein.

wird in der Mitte durch einen *Netzgurt* auf 91,4 cm Höhe gespannt.

Netzpfosten: Befestigung für das Netz. 107 cm hoch, der Netzpfosten muß 91,4 cm außerhalb des *Spielfeldes* stehen.

Punkt: Die Punkte werden »15–30–40 – Spiel« gezählt. Haben beide Spieler drei Punkte, 40:40, gewonnen, dann bezeichnet man das als Einstand. Der nächste Punkt verschafft Vorteil, der folgende Punkt des gleichen Spielers das Spiel. Im *Tiebreak* wird jeder Punkt fortlaufend numerisch gezählt.

Racket: Das Tennisracket darf höchstens 81,28 cm lang, die *Besaitungsfläche* darf höchstens 31,75 cm inkl. Rahmen, ohne Rahmen 29,21 cm breit, und samt Rahmen höchstens 39,37 cm lang sein. Am *Rahmen* einschließlich Griff und den Saiten dürfen keine hervorstehenden Gegenstände befestigt sein, ausgenommen solche, die ausschließlich dazu dienen, den Verschleiß, die Schwingungen zu dämpfen oder zu verhindern oder das Gewicht zu verteilen. Sie müssen in Größe und Anbringung dem Zweck angemessen sein. Das Racket darf keine Vorrichtungen haben, die es dem Spieler gestatten, das Racket in seiner Form wesentlich zu verändern.

Rahmen: Der Tennisrahmen kann aus Holz, Metall, Kunststoff gefertigt sein. Er darf aber gewisse Größen nicht überschreiten (siehe auch: *Racket*).

Rückschläger: Person, die den Aufschlag annimmt (auch: »Returnierer«). Der *Aufschläger* darf nicht aufschlagen, wenn der Rückschläger nicht *spielbereit* ist. Versucht der Rückschläger den Aufschlagball zurückzuspielen, gilt dies als vorherige *Spielbereitschaft;* signalisiert der Rückspieler, daß er nicht spielbereit ist, so gilt ein bereits durchgeführter Aufschlag nicht als *Aufschlagfehler.*

Satz: Ein Satz ist entschieden, wenn eine Partei sechs *Spiele* und einen Vorsprung von mindestens zwei Spielen erzielt hat. Bei 6:6-Gleichstand kann ein *Tiebreak* gespielt werden. Es werden höchstens drei (Frauen immer nur drei) oder fünf Sätze gespielt.

Seitenlinie: Seitliche Begrenzung des *Spielfeldes.* Der Ball ist gut, auch wenn er die Linie nur einen Millimeter berührt.

Seitenwechsel: Jeweils nach dem ersten Spiel des Satzes und danach nach jeweils zwei Spielen werden die Seiten gewechselt. Beim *Tiebreak* jeweils nach sechs Punkten und nach Beendigung des Tiebreaks.

Spielfeld: Rechteck von 23,77 m Länge und 8,23 m Breite. Zum Spielfeld gehören *Linien* und *Ständige Einrichtungen.* Man unterscheidet *Einzel-* und *Doppelspielfeld.*

Ständige Einrichtungen: Laut Regelwerk der *ITF* (International Tennis Federation) gehören zu den ständigen Einrichtungen das *Netz,* die *Netzpfosten,* die *Einzelstützen,* das *Seil* bzw. Metallkabel, welches das Netz spannt, der *Netzhalter,* die *Netzeinrichtung;* falls vorhanden auch die hintere und seitliche Einzäunung, die Hallenwand, das Dach, alle Heizungs- und Beleuchtungskörper sowie Tribünen, ortsfeste oder bewegliche Sitze und Stühle rund um den Platz samt deren Inhabern sowie alle anderen Einrichtungen um den Platz und darüber, ferner der Schiedsrichter, der Netzrichter, der Fußfehlerrichter, die Linienrichter und Ballkinder.

T-Linie: Begrenzung des Aufschlagfeldes. Bildet zusammen mit der Mittellinie ein »T«, daher der Name.

Tiebreak: Beim Tiebreak zählt jeder Punkt. *Aufschlag* hat zuerst der Spieler, der im nächsten Spiel an der Reihe gewesen wäre. Er beginnt von rechts. Entschieden ist der Tiebreak und damit der *Satz,* wenn eine Partei sieben Punkte erreicht und zwei Punkte Vorsprung hat.

Turnier-Regeln: Der Wettkampf darf bis zum endgültigen Abschluß (Match-Ende) nicht länger als 90 Sekunden beim Seitenwechsel unterbrochen werden. Zwischen zwei Punkten darf die *Spielunterbrechung* nicht länger als 30 Sekunden betragen (ausgenommen ein Spieler ist verletzt, dann kann das Spiel für drei Minuten unterbrochen werden). Nach dem dritten Satz (wenn Frauen beteiligt sind, nach dem zweiten Satz) kann jeder Spieler eine Pause von zehn Minuten beanspruchen (gilt nicht im ATP- und WTA-Circuit). Der Schiedsrichter kann den Wettkampf jederzeit unterbrechen.

Vorteil: Vorteil zum Spielgewinn hat die Partei, die das nächste Spiel machen kann, weil sie damit zwei Punkte Vorsprung erreichen kann.

Der Wettkampf darf bis zum endgültigen Abschluß nicht länger als 90 Sekunden beim Seitenwechsel unterbrochen werden. Zwischen zwei Punkten darf die Spielunterbrechung nicht länger als 30 Sekunden betragen.

Erste Ballkontakte

Eine gute Nachricht vorweg: Wenn Sie mit dem Tennis anfangen wollen und bis jetzt noch nie Tennis gespielt haben, sind Sie in einer beneidenswerten Lage. Sie können bei Null beginnen. Das ist viel besser als Sie glauben. Vergessen Sie alles, was man Ihnen über Tennis erzählt hat. Es ist noch nicht einmal halb so schwer, wie es Ihnen gute Freunde oder Nachbarn beschrieben haben.

Beim Tennis kommt es vor allem auf die richtige Koordination von Kopf (Wille), Auge (Wahrnehmung) und Körper (Bewegung) an.

Tennis ist nicht schwerer als das Essen mit Messer und Gabel. Es ist ebenso einfach wie Schwimmen. Sicher haben Sie schon Fotos von Babys gesehen, die sich ohne fremde Hilfe über Wasser halten. Trotzdem ertrinken viele Menschen. Nicht weil es so schwer ist, sich über Wasser zu halten, sondern weil die Angst vor dem Wasser die Motorik lähmt.

Es gibt viele Tennistrainer, die ihre erste Stunde mit dem Hinweis darauf beginnen, daß Tennis deshalb kompliziert sei, weil es nur mit Hilfe von Werkzeugen durchgeführt werden könne. Vergessen Sie das schnell wieder. Denken Sie an das Essen mit Messer und Gabel oder schauen Sie mal einem Chinesen zu, wenn dieser mit seinen Stäbchen Reis ißt. Versuchen Sie es einmal selber – ohne Übung müßten Sie hungrig vom Tisch aufstehen. Beim Tennis kommt es vor allem darauf an, die Koordination von Kopf (Wille), Auge (Wahrnehmung) und Körper (Bewegung) herzustellen. Wenn dieses Zusammenspiel harmonisch ist, funktioniert auch die Motorik.

Rechte Seite: Das ist der Traum eines jeden Anfängers: Spielen wie Boris Bekker – dynamisch, kraftvoll und überaus erfolgreich…

Dieser Anfang ist nicht schwer

Wie beim Essen mit Messer und Gabel gehört auch beim Tennis die Gewöhnung des Anfängers an das Werkzeug mit zum Start. Angst vor einer möglichen Blamage ist ein ganz schlechter Wegbegleiter auf den ersten Schritten. Wenn Sie sich dessen bewußt sind, wird Ihnen Tennis von Anfang an Freude machen.

Sie brauchen dazu ein Tennisracket (das können Sie sich ausleihen), ein paar Schuhe (sehr wichtig!) und drei bis vier Bälle. Ein Partner, der ein bißchen Tennis spielen kann, ist auf jeden Fall von Vorteil, muß aber nicht sein. Wenn Sie in einem Verein oder in einer kommerziellen Tennisanlage beginnen, werden Sie dort mit ziemlicher Sicherheit eine Übungswand vorfinden, die anfangs einen Partner sehr gut ersetzen kann.

Fangen Sie am besten einfach mit dem Spielen an. Bevor Sie sich nicht darüber im klaren sind, ob Ihr Ehrgeiz Sie tatsächlich bis nach Wimbledon führen soll, sollten Sie zuerst den Spaß kennenlernen, den Tennis zweifellos vermitteln kann. Alle negativen Erfahrungen, wie Tennisarm oder Knieverletzungen, resultieren aus einem zu früh an den Tag gebrachten Ehrgeiz. Um das Racket richtig halten zu können, nehmen Sie es so in die Hand, wie es unsere *Zeichnung 1* zeigt.

Lassen Sie den Ball auf der Schlagfläche springen *(Zeichnung 2)*. Versuchen Sie die Höhe so zu kontrollieren, daß der Ball nicht über Schulterhöhe springt, aber auch nicht wesentlich niedriger bleibt. Beginnen Sie, wie auf unserer Zeichnung demonstriert, mit der Rückhand. Greifen Sie dazu anfangs das Racket ganz kurz

Zeichnung 1

Zeichnung 1: Greifen Sie das Racket mit Ihrer Spielhand, wie auf der Zeichnung zu erkennen ist.

am Herzen (wie auf der *Zeichnung 1* zu erkennen ist) und rutschen Sie dann nach und nach mit zunehmender Sicherheit im Spiel ans Griffende. Wenn Sie den Ball unter Kontrolle haben, beginnen Sie damit das Racket in der Höhe zu variieren, kontrollieren Sie dabei immer den Ball.

Bewegen Sie schließlich das Racket vom Körper so weit weg wie möglich und wieder zurück. Wiederholen Sie die Übung so lange sie Ihnen Spaß macht.
Wechseln Sie nun auch von der Rückhand zur Vorhand (siehe *Zeichnung 4*). Laufen Sie bei dieser Übung mit dem Racket und dem Ball auf dem Platz umher. Sie werden bald merken, daß es auf der Schlagfläche eine Position gibt, wo der Ball am besten springt und sich am besten kontrollieren läßt. Das ist der sogenannte *»Sweetspot«*. Wenn Sie später einmal den Ball immer mit diesem Punkt treffen, werden Sie weder einen Tennisarm bekommen, noch die Kontrolle über den Ball verlieren.

Übungen mit Partner und Netz

Gehen Sie mit Ihrem Partner nun zum Netz. Jeder auf seiner Seite. Abstand zum Netz jeder etwa drei Meter. Greifen Sie das Racket mit dem Vorhandgriff kurz unterhalb des Racketherzens (siehe *Zeichnung 5,* Seite 84). Lassen Sie nun den Ball von Ihrem Racket auf die andere

Zeichnung 2: Ballgewöhnungsübungen – mit der Rückhand.

Zeichnung 2

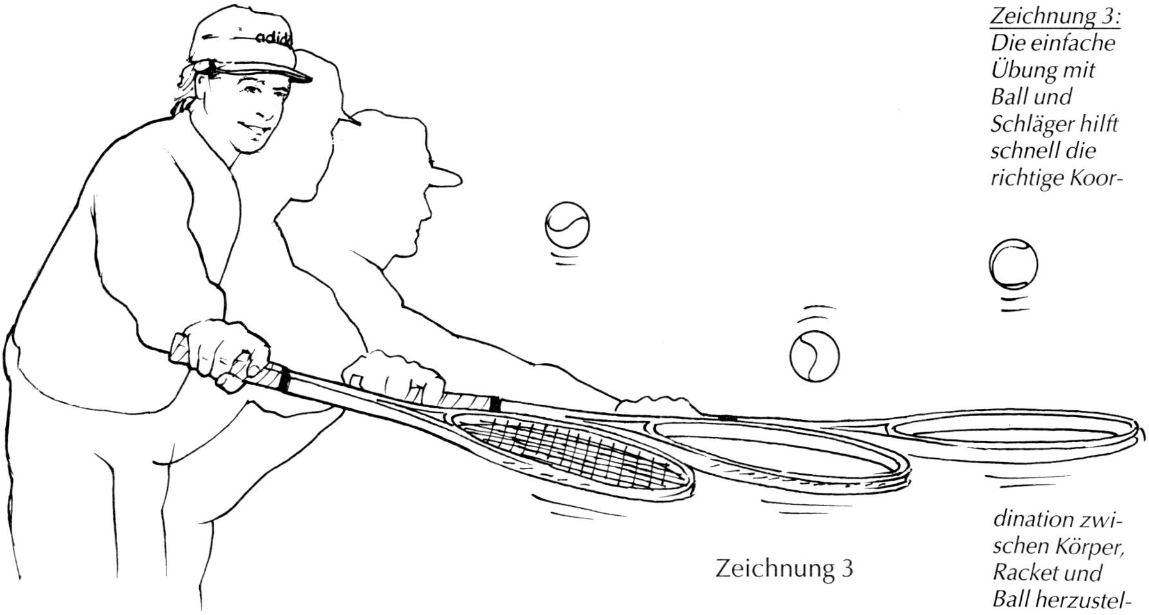

Zeichnung 3

Zeichnung 3: Die einfache Übung mit Ball und Schläger hilft schnell die richtige Koordination zwischen Körper, Racket und Ball herzustellen. Sie sollten anfangs jede Übungsstunde damit vorbereiten.

Seite des Netzes springen. Ihr Partner wird den Ball ebenfalls ohne Schlagbewegung zu Ihnen zurückspringen lassen. Sie können entscheiden, ob Sie den Ball aufspringen lassen oder direkt aus der Luft als Volley spielen. Holen Sie dabei nicht aus und schlagen Sie den Ball nicht, sondern schubsen Sie ihn nur. Machen Sie dabei immer einen halben Schritt mit dem der Spielhand entgegengesetzten Fuß nach vorne (in die Ball-Flugkurve hinein) und spielen Sie nun den Ball als Volley.

Zeichnung 4

Zeichnung 4: Wechseln Sie schließlich auf die Vorhand, und bewegen Sie das Racket wie in der vorangegangenen Übung.

Ein erstes Match

Wenn Sie Spaß dran haben, können Sie anfangen zu zählen. Zählen Sie zu Beginn erst einmal wie beim Tischtennis jeden verschlagenen Ball als Punkt. Sieger ist, wer als erster 21 Punkte hat.

Bleiben Sie mit Ihrem Partner am Netz. Spielen Sie nun mit dem kurzen Volleygriff als Rückhandschlag. Sie können anfangs den Ball erst aufspringen lassen und dann über das Netz spielen. Später nur noch als Volley direkt aus der Luft nehmen. Gehen Sie in den Volley mit einem kurzen Step des der Schlaghand zugewandten Beines (Rechtshänder rechtes Bein) hinein. Auf keinen Fall sollte dabei ausgeholt werden. Der Ball wird eher gestoßen als geschlagen.
Zählen Sie wieder, bis mit 21 Punkten ein Sieger feststeht.

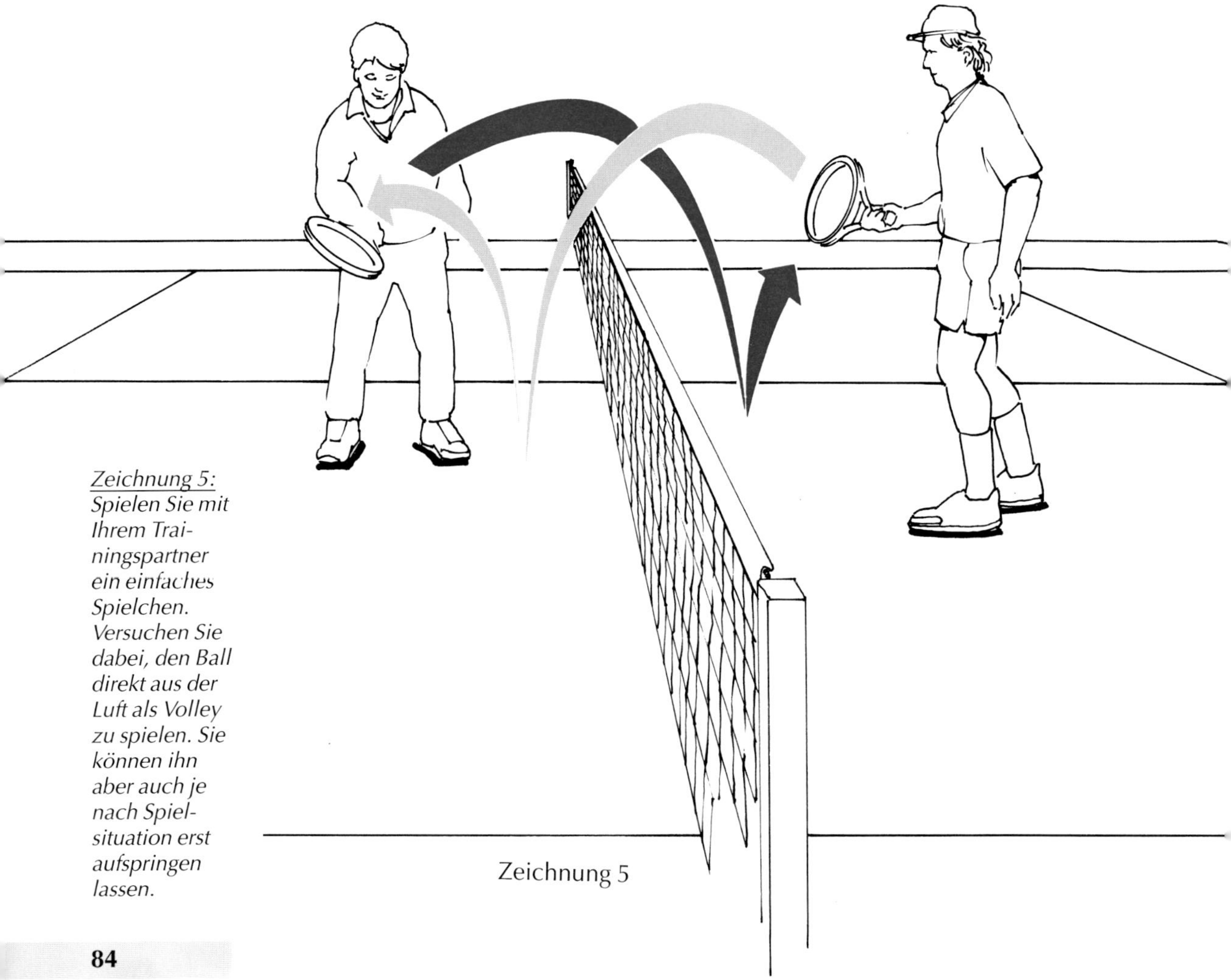

Zeichnung 5

Zeichnung 5: Spielen Sie mit Ihrem Trainingspartner ein einfaches Spielchen. Versuchen Sie dabei, den Ball direkt aus der Luft als Volley zu spielen. Sie können ihn aber auch je nach Spielsituation erst aufspringen lassen.

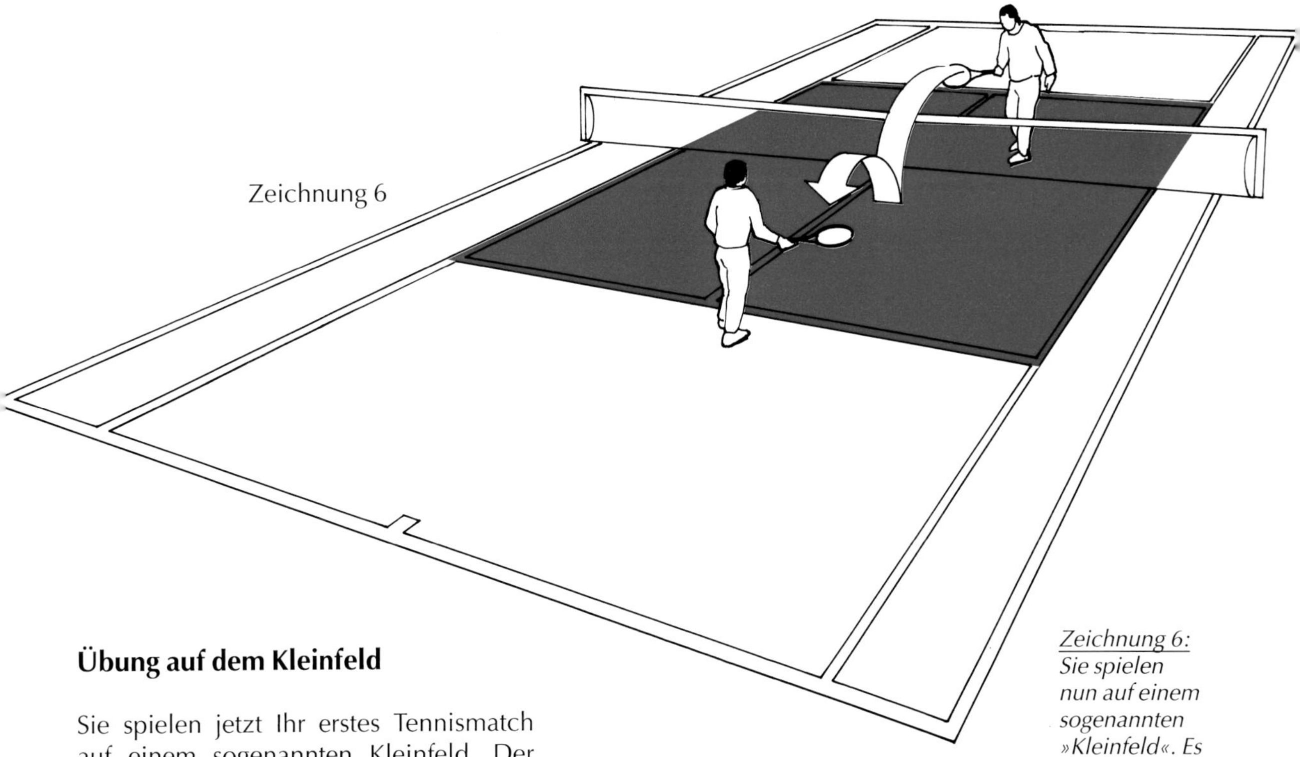

Zeichnung 6

Zeichnung 6: Sie spielen nun auf einem sogenannten »Kleinfeld«. Es zählen nur die Bälle, die innerhalb des Aufschlagfeldes aufkommen. Es bleibt Ihnen überlassen, ob Sie den Ball als Volley nehmen oder ihn erst nach dem Aufspringen zurückspielen.

Übung auf dem Kleinfeld

Sie spielen jetzt Ihr erstes Tennismatch auf einem sogenannten Kleinfeld. Der Platz existiert für Sie nur in den sogenannten Aufschlagfeldern (siehe *Zeichnung 6)*. Um eine echte Wettkampfsituation zu erzeugen, sollten Sie auch den Aufschläger wettkampfmäßig ermitteln. Losen Sie das Aufschlagrecht mit dem Racket oder einer Münze aus. Auf dem Racket befinden sich dazu auf jeder Seite unterschiedliche Markierungen. Lassen Sie Ihren Partner sich für eine Seite des Rackets entscheiden. Stellen Sie das Rakket auf dem Boden mit dem Kopf nach unten auf und drehen Sie es. Wessen Markierung dann nach oben zeigt, der hat die Entscheidung darüber, wer zuerst das Aufschlagrecht erhält. Der Verlierer darf die Seite des Spielfeldes auswählen, auf der er beginnen möchte.

Sie beginnen direkt hinter der Aufschlaglinie. Der Aufschläger spielt den Ball diagonal aus der Hand von unten nach oben von rechts nach links ins gegnerische Aufschlagfeld. Der Aufschlag muß einmal aufspringen. Danach kann jeder Spieler frei entscheiden, ob er den Ball aus der Luft als Volley spielt oder aufspringen läßt.

Nach fünf Punkten wechselt das Aufschlagspiel, wenn der erste Spieler elf Punkte hat, werden die Seiten gewechselt. Sie werden bald merken, daß es einfacher ist, wenn Sie bei der Vorhandbewegung den der Schlaghand entgegengesetzten Fuß nach vorne setzen und bei der Rückhand den auf der Schlaghandseite befindlichen Fuß nach vorne bringen. So entwickeln Sie spielerisch zugleich auch die richtige Beinarbeit.

Plagen Sie sich nicht mit langatmigen technischen Erklärungen. Spielen Sie erst einmal Tennis! Mit den technischen Möglichkeiten, die Sie haben, unbelastet von dem Anspruch, alles richtig machen zu wollen. Finden Sie so selbst Ihren richtigen Rhythmus. Vor allem aber finden Sie heraus, wieviel Spaß Tennis schon von Anfang an machen kann.

Aufschlag für Anfänger

Der Aufschlag, auch Service genannt, ist der unkomplizierteste Schlag im Tennis. Nichts daran ist besonders schwierig. Nur der Mensch selbst macht sich die Aufgabe unnötigerweise kompliziert. Vergessen Sie also am besten alles, was man Ihnen bisher vom schweren Aufschlag erzählt hat. Sie werden bald erkennen, daß er Ihnen wie selbstverständlich von der Hand geht.

Der *Aufschlag* oder das *Service* sind schnell erlernt, wenn man sich beim Beginn von allem irrationalen Ballast trennt. Nur weil man sich einbildet, daß man unter Umständen einen Fehler machen wird (der im übrigen auch nicht mehr als ein verschlagener Vorhandball oder ein ins Netz gedrückter Return zählen würde), denkt man über einen möglichen Doppelfehler zuviel nach, und wie bei sehr vielen Fehlern beginnt auch der Doppelfehler zuerst im Kopf. Dabei ist der Aufschlag der einzige Schlag im Tennis, den man ohne Einfluß durch den Gegner spielen kann. Je komplizierter Sie sich aber den Ablauf geistig vorstellen, desto schwieriger wird seine Ausführung.

Denken Sie also am besten beim Aufschlag immer daran, daß Sie bei diesem Schlag ganz auf sich alleine gestellt sind. Das hört sich zwar deprimierend an, ist aber tatsächlich ein sehr positiver Zustand. Niemand kann Ihnen dabei ins Handwerk pfuschen. Sie bestimmen, wann Sie den Ball *aufbringen* werden. Sie bestimmen, wohin Sie den Ball *setzen* werden und Sie alleine entscheiden auch, wohin Sie den Ball schließlich spielen werden.

Denken Sie beim Aufschlag immer daran, daß Sie bei diesem Schlag ganz auf sich alleine gestellt sind. Niemand kann Ihnen dabei ins Handwerk pfuschen.

Merken Sie sich aber gleich zu Beginn ein paar wichtige Dinge:

> Zum Aufschlag wird der Ball *gesetzt* und nicht *geworfen.*
>
> Weder das Handgelenk noch der Unterarm oder der Ellenbogen sind beim Aufschlag steif.
>
> Je weniger Zusatzbewegungen Sie beim Aufschlag machen, desto weniger Fehler können Ihnen dabei unterlaufen.

Beschränken Sie sich also beim Aufschlag nur auf die unbedingt notwendigen Bewegungen. Diese aber sollten perfekt und harmonisch ablaufen. Beim Aufschlag darf nichts haken, nichts blockieren.

Achten Sie bei den erfolgreichen Stars einmal darauf, wie sparsam diese Spieler mit ihrem Bewegungsaufwand sind. Zum Beispiel Boris Becker: Der Wimbledon-Champion hat den erfolgreichsten ersten Aufschlag der Welt. Womöglich gibt es noch andere Spieler, die ein wenig härter aufschlagen können als der Deutsche, bei ihm aber ist auffällig, daß der erste Aufschlag immer dann *kommt,* wenn er ihn am dringendsten braucht. Wo also die meisten anderen Spieler nervös und ängstlich werden (und Fehler machen), vertraut Boris Becker seiner stärksten Waffe.

Versuchen Sie es mit einer Zeitlupen-Aufnahme, und vergleichen Sie den folgenden Text mit der *Zeichnung 7*:

1. Die linke Hand schwingt mit dem Ball nach oben. Gleichzeitig schwingt die rechte Hand mit dem Racket zurück und zur Seite, gleichzeitig knickt der Spieler in den Knien ein.

2. Die Hand mit dem Ball erreicht den höchsten Punkt, während die rechte Hand mit dem Racket Schulterhöhe erreicht, der Racketkopf befindet sich vom Körper weg zur Seite abgespreizt in Schulterhöhe.

3. Der Ball verläßt die Hand, die Beine knicken in den Knien tiefer ein, das Racket schwingt zurück, der Racketkopf fällt tief hinter den Rücken.

4. Der Ball nähert sich seinem höchsten Punkt, während sich die Beine strekken, das Racket schwingt locker gehalten mit dem Racketkopf nach vorne/oben, dabei öffnet sich das Racket.

5. Der Ball hat seinen höchsten Punkt erreicht, die Beine sind jetzt ganz durchgestreckt, der Körper springt vom Boden ab, der Racketkopf trifft den Ball mit der Schlagfläche.

6. Das Handgelenk klappt von unten nach oben weg, nachdem der Ball getroffen worden ist, der Aufschläger landet mit dem rechten Fuß zuerst im Aufschlagfeld.

Zeichnung 7: Der Aufschlag ist Boris Bekkers beste Waffe, weil er den Bewegungsablauf auf die unbedingt notwendigsten Handlungen beschränkt und auf alles verzichtet, was den Aufschlag kompliziert machen würde.

Zeichnung 7

Erster Aufschlag-Schritt: Schmetterball

Wie einfach der Aufschlag tatsächlich ist, werden Sie am schnellsten erfahren, wenn Sie Ihr Aufschlagtraining mit einem Schmetterball-Spielchen eröffnen:

Stellen Sie sich mit Ihrem Partner im Aufschlagfeld, also noch vor der T-Linie auf. Schlagen Sie nun den Ball aus der Hand so vor sich auf den Boden auf, daß der Ball wie ein *Lob* in des Gegners Hälfte fliegt. Ihr Partner schlägt nun den Ball aus der Luft als Schmetterball ebenfalls wieder vor sich auf den Boden auf. Konzentrieren Sie sich auf den Flug des Balles. Lassen Sie ihn nicht aus den Augen. Wenn Sie den Ball zum Schlag fixieren, sollten Sie das Racket bereits schlagbereit in Schulterhöhe mit lockerem Handgelenk (siehe *Zeichnung 9*) halten.

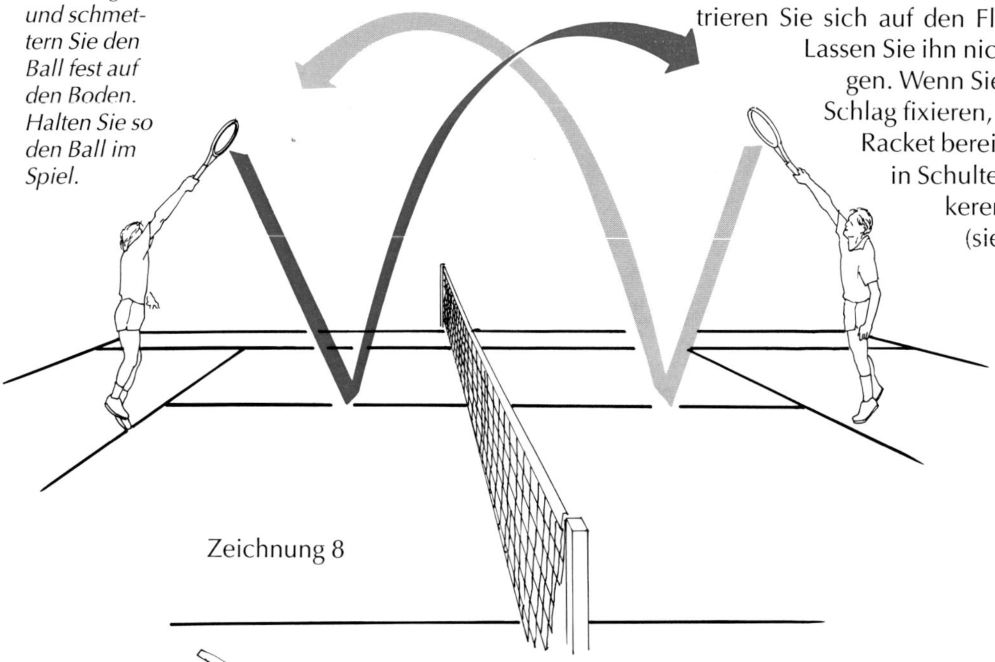

Zeichnung 8

Zeichnung 8: Beginnen Sie Ihr Aufschlag-Training mit dem Schmetterball. Stellen Sie sich wie Ihr Partner vor die Aufschlaglinie und schmettern Sie den Ball fest auf den Boden. Halten Sie so den Ball im Spiel.

Zeichnung 11

Zeichnung 11: Ein perfekt getimter Schmetterball, auch »Smash« genannt.

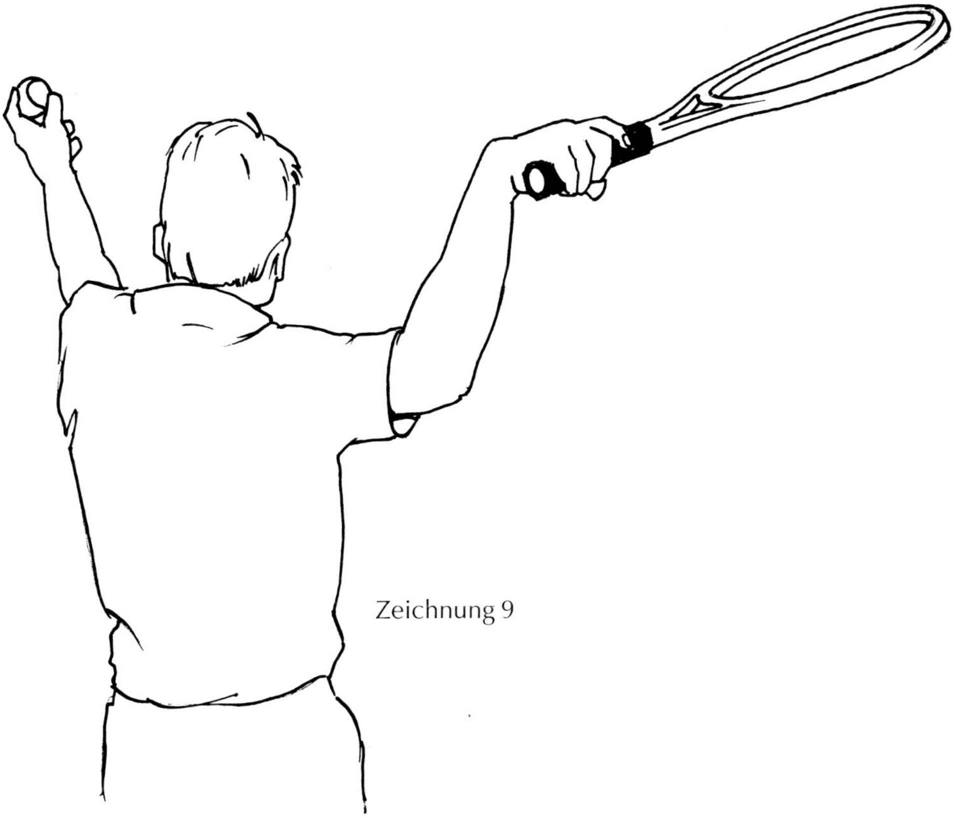

Zeichnung 9

Zeichnung 9:
Halten Sie das Racket mit lockerem Handgelenk und gebeugtem Ellenbogen in Schulterhöhe. Der Racketkopf zeigt dabei nach außen.

Zeichnung 10

Zeichnung 10:
Legen Sie den Ball beim Training mal auf ein Wasserglas. So sollte der Ball immer ungehindert die Hand verlassen können.

Um das Schmetterballtraining abwechslungsreich zu gestalten, sollen Sie die Punkte bis 21, wie im Tischtennis, zählen. So trainieren Sie den Schmetterball und zugleich auch Ihren zukünftigen Aufschlag.

Der Aufschlag ist der einfachste Schlag beim Tennis. Einfacher als der Schmetterball. Wenn man den einen beherrscht, fällt der andere leicht. Schauen Sie nur auf den Ball und übernehmen Sie den Rhythmus des »Arme hoch – Racket hoch – Knie beugen – strecken – schlagen«.

Hier liegt das erste Geheimnis des erfolgreichen Aufschlages. Der Ball läßt sich viel präziser auf den idealen Punkt befördern, wenn er nicht geworfen, sondern nach oben befördert, gesetzt wird.

Genau Maß nehmen

Die Art und Weise, wie der Ball zu jener Stelle kommt, die für den bestmöglichen Aufschlag die am besten geeignete ist, legt die Qualität des späteren Aufschlags fest. Die Höhe dieser Treffzone sollte immer gleich sein. Egal ob die Sonne scheint oder ob Sie nervös sind. Ermitteln Sie die Höhe Ihrer idealen Treffzone am einfachsten mit Hilfe des Tennisplatzzaunes oder einer anderen hohen Wand. Merken Sie sich die Stelle am Zaun, die Sie bei gestrecktem Körper mit der Rakketspitze gerade noch erreichen können *(Zeichnung 12).*

Nehmen Sie den Ball so in die Hand, daß er auf dem Mittel- und Ringfinger aufliegt und vom Daumen und dem Zeigefinger gehalten wird. So fällt es Ihnen schwer, den Ball *hochzuwerfen* statt ihn zu *setzen:* Hier liegt das erste Geheimnis des erfolgreichen Aufschlages. Der Ball läßt sich viel präziser auf den idealen Punkt befördern, wenn er *nicht geworfen,* sondern *nach oben befördert, gesetzt* wird.

Setzen Sie den Ball mit gestrecktem Arm. Stellen Sie sich für die ersten Übungen so an den Zaun, daß die linke Schulter zum Zaun zeigt. *Setzen* Sie nun den Ball auf die Höhe, die Sie sich vorher gemerkt haben. Wiederholen Sie die Übung so oft, bis Sie den Ball möglichst zuverlässig auf Ihre Idealhöhe bringen. Um bei dieser Übung auch gleich die Fallrichtung des Balles kontrollieren zu können, sollten

Zeichnung 12

Zeichnung 12: Gehen Sie an einen Zaun oder an eine hohe Wand und merken Sie sich den höchsten Punkt, den Sie mit der Rakketspitze erreichen können. Das ist die Aufschlagtreffzone.

Sie sich etwa 30 Zentimeter von Ihrer linken Schuhspitze entfernt (etwa auf Höhe Ihrer linken Schulter) einen Schläger oder eine Zeitung auf den Boden legen. Dort sollte der Ball möglichst immer landen.
Wiederholen Sie nun die »Aufwurf«-Übung mit dem Racket. Halten Sie dabei Ihr Racket mit dem *Continentalgriff* (siehe Seite 97 f.) und heben Sie das Racket mit lockerem Handgelenk bis auf Schulterhöhe (siehe *Zeichnung 9*). Wichtig ist, daß der Racketkopf nach außen vom Körper wegzeigt und das Handgelenk locker ist.
Setzen Sie nun den Ball auf den von Ihnen gewählten Punkt und schlagen Sie ihn mit dem Racket einfach nur weg. Es ist zuerst nicht wichtig, wohin der Ball fliegen wird. Wichtig ist es, daß Sie den richtigen Rhythmus finden.

Aufschlag-Training

Vervollständigen Sie nun das Aufschlagtraining. Starten Sie den Bewegungsablauf aus der Grundstellung heraus. Dazu nehmen Sie an der Aufschlaglinie mit leicht gespreizten Beinen Aufstellung. Die Spitze des linken Fußes zeigt auf den rechten Netzpfosten (beim Aufschlag ins »Einstands-Feld«) und auf die Mitte des Netzes beim Aufschlag ins »Vorteilsfeld«.
Im selben Moment, wenn Ihre Ballhand sich auf den Weg nach oben macht, schwingt auch Ihre Rackethand mit gebeugtem Ellenbogen und lockerem Handgelenk nach oben bis auf Schulterhöhe.
Wenn die Hand den Ball freigibt, beugen Sie die Knie möglichst tief, gleichzeitig fällt der Racketkopf in einer lassoähnlichen Schwungbewegung nun hinter den Rücken, während der Ball noch zum idealen Treffpunkt aufsteigt.
Der Racketkopf schwingt weiter, erreicht seinen tiefsten Punkt, und durch die Streckung des Ellenbogens beginnt nun der Racketkopf seinen Aufstieg in Richtung Treffpunkt.
Inzwischen beginnen die Knie sich wieder zu strecken; wenn die Beine durchgestreckt sind, befindet sich der Ball bereits auf seinem idealen Treffpunkt und der Racketkopf unmittelbar vor dem Ball.

Oben: Aufschlag-Training. Starten Sie den Bewegungsablauf von der Grundstellung heraus.

Das Step-by-step-Trainings-programm

Wenn Sie mit Hilfe dieses Ratgebers mit dem Tennis begonnen haben und sich anhand der vorangegangenen Seiten zum erstenmal mit dem Tennis beschäftigten, wissen Sie, daß Tennis in erster Linie Spaß macht. So soll es auch in Zukunft bleiben. Allerdings sollten Sie sich, bevor Sie sich in die Sphäre des Spitzentennis hineinwagen, noch ein wenig mit den Grundlagen des Tennisspiels vertraut machen. Zum Beispiel wird Ihnen dann im Training vieles leichter fallen, wenn Sie auch die physikalischen Hintergründe des Tennis kennen.

Das Zusammenspiel von Mensch und Gerät über Auge, Gehirn, Muskeln, Sehnen und Gelenke unter den physikalischen Gesetzmäßigkeiten bezeichnet man als Biomechanik.

Das Spiel mit dem Tennisball reduziert sich auf ein einziges Ziel: Der Ball soll aus der eigenen Hälfte mit einem Schlagwerkzeug in das Spielfeld des Gegners geschlagen werden. Nach Möglichkeit soll dabei erreicht werden, daß dem Gegner dieser simple Vorgang so oft wie möglich mißlingt. Im vorangegangenen Kapitel konnten sich Anfänger über die ersten Schritte informieren, wie dies am besten zu bewerkstelligen ist. Hier folgt nun zunächst die wissenschaftliche Basis.

Michael Stich: Mit Köpfchen ans Ziel.

Rechte Seite: Geballte Aufschlag-Kraft von André Agassi.

Grundlagen des Tennisspiels

Das Zusammenspiel von Mensch und Gerät über Auge, Gehirn, Muskeln, Sehnen und Gelenke unter den physikalischen Gesetzmäßigkeiten bezeichnet man als Biomechanik. Es bedarf keiner besonderen Erwähnung, daß diese Funktion von der Muskelkraft, der Körpergröße, dem technischen Können und dem Ausbildungsstand des Spielers beeinflußt wird. Wenn der Spieler den Ball je nach Spielstand und Spielsituation in eine bestimmte Richtung mit einem bestimmten Tempo spielen will, muß er dafür sorgen, daß die Treffchance entsprechend groß ist. Einfacher ausgedrückt: Sie müssen den Schläger mit einer optimalen Griffhaltung in einen optimalen Treffpunkt mit dem Ball bringen. Was nun im einzelnen optimal ist, da gehen die Meinungen natürlich auseinander.

Die Auswahl der individuell richtigen Technik ist abhängig vom individuellen Körperbau, der physischen Leistungsfähigkeit wie Kraft, Ausdauer, Schnelligkeit und Koordinationsfähigkeit.

Biomechanische Voraussetzungen (G 1)

Am besten sind Sie auf alle Eventualitäten vorbereitet, wenn Sie ein paar Gesetzmäßigkeiten kennenlernen und sie später beherzigen. Zum besseren Verständnis ist das Thema in zahlreiche Details gegliedert:

1. *Geschwindigkeit:* variable Größe, abhängig von der Geschwindigkeit des Racketkopfs, des anfliegenden Balles sowie der Konstruktion (Härte) des Rackets und der Besaitung. Wenn im Treffpunkt eine sehr hohe Beschleunigung erreicht werden soll, dann muß neben der zur Verfügung stehenden Muskelkraft und einer optimalen Koordination auch ein möglichst langer Beschleunigungsweg (Schwung) zur Verfügung stehen.

2. *Technik:* abhängig von der Funktionalität des Körpers. Zum besseren Verständnis: der Beidhandschlag ist für weniger kräftige Spieler dem Einhandschlag vorzuziehen, der unterschnittene Schlag ist für langsame Spieler besser als der schnelle Topspin. Die Auswahl der individuell richtigen Technik ist also abhängig vom individuellen Körperbau, der physischen Leistungsfähigkeit wie Kraft, Ausdauer, Schnelligkeit und Koordinationsfähigkeit. Auch die psychischen Fähigkeiten wie Motivation und Intelligenz sind nicht ohne Einfluß auf die Auswahl der idealen Technik.
   Auch der ankommende Ball, die Verhältnisse auf dem Platz und die Eigenarten des Rackets beeinflussen die Technik.

3. *Das Ziel:* den Punkt machen, das Match gewinnen, Spaß haben, Freude an der Bewegung, Unterhaltung.

4. *Der Mensch:* ist Partner oder Gegner, selbstbewußt oder ängstlich, schnell oder langsam, ausdauernd oder kraftlos, gewissenhaft oder schlampig, kräftig oder schwach, ordentlich oder unorganisiert, ehrgeizig oder uninteressiert, willensstark oder abhängig.

5. *Das Werkzeug/Material:*
   a) das *Racket* ist neu oder alt, hart oder weich, gut oder schlecht besaitet, schwer oder leicht. Es trifft den Ball vor oder hinter dem Körper, langsam oder schnell, optimal oder schlecht, offen oder geschlossen, mit hoher oder langsamer Schlaggeschwindigkeit.
   b) der *Ball* ist neu oder abgespielt, hart oder weich, flauschig oder glatt, langsam oder schnell, druckgefüllt oder drucklos.
   c) der *Boden* ist mit Sand (Clay), Beton, Kunststoff oder Teppich belegt.
   d) die *Witterung* kann Hitze oder Kälte, Regen oder Trockenheit, Windstille oder Sturmböen bringen. Es kann auf dem Platz eben oder uneben, hell oder dunkel, laut oder leise, trocken oder feucht sein.
   e) der *Gegner* kann sympathisch oder unsympathisch, freundlich oder böse, gut oder schlecht, fintenreich oder harmlos, schnell oder langsam sein.

Das reicht wohl! Auf alle diese Punkte gibt es zum Glück eine technische Antwort, die sich biomechanisch erklären läßt. Gegen einen selbstbewußten Gegner auf einem windigen Platz hilft vor allem ein sicherer *Topspin,* der *cross* geschlagen den Gegner an der Grundlinie bindet, bis dieser anfängt Fehler zu machen, weil er es nicht gewöhnt ist, nicht den agierenden Part auf dem Platz zu spielen.

Kraftübertragung (G 2)

Im Moment des Ballkontakts mit dem Schläger findet eine Übertragung von Kraft statt. Die Masse des Schlägers plus seiner Vorwärtsenergie wirkt auf die Masse des heranfliegenden Balles. Je schwerer der Racketkopf und je größer die Masse, die dahinter steckt, je schneller der heranfliegende Ball, je präziser im idealen Treffpunkt *(Sweetspot),* desto größer ist die Wirkung auf die Geschwindigkeit des zurückfliegenden Balles. Bei dem Kontakt mit dem Ball kommt es zu erheblichen Verformungen von Ball, Saitenbett und Schläger. Je nach Konstruktion und Material des Schlägers verformt sich dieser mehr oder weniger stark. Dabei verliert die Kraftübertragung einen gewissen Teil ihrer Wirkung. Ziel der Racketkonstrukteure ist es also, diese Verformungen durch entsprechend harte Rahmen und Konstruktionen so gering wie möglich zu halten. Deshalb wurden die Rackets in den letzten Jahren immer härter.

Ballflugrichtung (G 3)

Die Richtung des Balls wird bestimmt durch den Winkel, in welchem der Ball auf die Schlagfläche trifft, und durch die Rotation des Balles. Das entspricht dem physikalischen Gesetz: *Auftreffwinkel = Ausfallswinkel.*
Die Kontaktzeit Ball-Schlagfläche beträgt nur etwa 0,003 Sekunden. In einer so kurzen Zeit läßt sich die Flugbahn des Balls durch Steuerungen über die Hand nicht mehr verändern. Es kommt also darauf an, daß die spätere Flugrichtung des Balls bereits vor dem Kontakt mit dem Ball festliegt. Das bedeutet auch, daß das so oft geforderte *fixierte* (steife) Handgelenk die Flugrichtung des Balls nicht beeinflussen kann.

Ballrotation: Spin oder Drall (G 4)

Im Tennis gibt es keinen Ball ohne Rotation, denn dazu müßte man den Ball ganz präzise in einer exakten Vorwärtsbewegung in dem Moment treffen, wo er selbst gerade völlig stillsteht. Aber es gibt eben starke oder schwache Ball-Umdrehungen *(Spin),* gewollte oder ungewollte. Beim *Drive* muß der Drall *(Spin)* möglichst klein sein, denn dann fliegt der Ball am schnellsten. Beim *Topspin* soll die Rotation nach vorne möglichst schnell sein, entsprechendes gilt umgekehrt auch für den *Backspin* und den *Slice,* weil sich nur dann der gewünschte Effekt (Länge, flacher Absprung, Sicherheit usw.) einstellt.

Die Kontaktzeit Ball–Schlagfläche beträgt nur etwa 0,003 Sekunden. Es kommt also darauf an, daß die spätere Flugrichtung des Balls bereits vor dem Kontakt mit dem Ball festliegt.

Verschiedene Formen der Ballrotation

a) *Ball mit wenig Drall (Effet, Spin):* Die Schlagfläche trifft den Ball im rechten Winkel zum Schwerpunkt in der gewünschten Flugrichtung. Der Ball verläßt das Saitenbett rechtwinklig. Die Flugkurve des *Drive wird nur durch den Luftwiderstand* und die Schwerkraft beeinflußt.

b) *Topspin – Ball mit Vorwärtsdrall:* Die Schlagrichtung beim *Topspin* geht von hinten/unten nach vorne/oben gegen den Ball. Dabei wirkt sich neben der Vorwärtsenergie des Rackets auch die Aufwärtsenergie des Rackets auf den Ball aus. Der Ball dreht sich in Flugrichtung um seine eigene Achse. Durch die Vorwärtsrotation baut sich unter dem Ball während des Fluges ein je nach Rotationsgeschwindigkeit des Balles entsprechend starker Unterdruck und oberhalb des Balles ein entsprechender Überdruck auf, die Vorwärtsenergie wirkt gegen die so verstärkte Erdanziehung. Je mehr mit Dauer des Fluges, abhängig von der Beschleunigung des Balles, die

Der Topspin ist schnell und trotzdem gut zu kontrollieren.

Vorwärtsenergie abnimmt, desto stärker wird der Einfluß der Erdanziehung (Schwerkraft) auf die Flugkurve. Die Flugkurve des Balles verkürzt sich trotz oder gar wegen der hohen Ballbeschleunigung, da mit der Höhe der Beschleunigung, je nach Schlägerstellung, auch die Vorwärtsrotation zunimmt. Der Topspin ist also schnell und trotzdem gut zu kontrollieren. Der Aufsprungwinkel wird größer, und der Ball springt höher und vor allem auch schneller ab, da sich durch die Vorwärtsrotation des Balles die Eigenumdrehung beim Aufsprung wieder erhöht.

c) *Backspin – Ball mit Rückwärtsdrall:* Beim Ball mit Rückwärtsrotation geht die Schlagrichtung der senkrecht stehenden Schlagfläche von hinten/oben nach vorne/unten gegen den Ball. Durch die entgegen der Flugrichtung verlaufende Rotation des Balles baut sich unter dem Ball ein Überdruck und über dem Ball ein Unterdruck auf. Der Ball schwimmt bildlich gesprochen auf einem Luftpolster. Dadurch wird die Erdanziehung abgeschwächt und die Flugkurve verlängert. Sie erreichen also mit weniger Kraft und weniger Geschwindigkeit »längere« Bälle und gewinnen damit auch Zeit, um zum Beispiel aus einer defensiven Position wieder herauszukommen. Die Flugbahnhöhe kann kurzfristig durch Änderung der Schwungrichtung, durch Änderung des Treffwinkels der Schlagfläche auf den Ball verändert werden. Der Auftreffwinkel des Balles wird flacher und dadurch auch der Absprungwinkel. Beim Kontakt mit dem Boden wird der Backspin abgebremst.

Die Geschwindigkeit des Balles und die Geschwindigkeit der Schlagbewegung sowie die Masse des Rackets beeinflussen die Geschwindigkeit des geschlagenen Balles mehr als pure Kraft.

b) *Sidespin (Slice) – Ball mit Seitwärtsdrall:* Beim Ball mit Seitwärtsdrall geht die Schlagrichtung seitlich am Schwerpunkt des Balles vorbei. Ein reiner Seitwärtsdrall ist kaum zu erzielen. Es ist immer ein wenig Vorwärtsdrall oder Rückwärtsdrall mit im Spiel. Beim Slice-Aufschlag ist es in der Regel etwas Topspin. Bei Stefan Edbergs *Kick-Aufschlag* ist es entsprechend viel Seitwärtsdrall mit entsprechend viel Topspin. Dadurch springt der Ball hoch zur Seite weg. Beim Annäherungsball aus dem Halbfeld ist vor allem neben dem Slice auch viel Backspin im Spiel. So fliegt der Ball ohne Tempo lang und weit und springt nach dem Aufsprung flach ab. Er ist nur schwer zurückzuspielen.

Treffzone/Treffstrecke (G 5)

Auch wenn es Ihnen vielleicht immer wieder erzählt wird: Einen Ball kann man nicht *führen.* Dieser weitverbreitete Irrtum, daß man die Kontaktzeit von 0,003 Sekunden, die der Ball mit den Saiten in Berührung kommt, auf irgendeine Art und Weise wesentlich verlängern könne, entstammt wohl einem verständlichen Wunsch der Tennislehrer: ihren Schülern beizubringen, daß sich der exakte Treffpunkt nie präzise vorausplanen läßt – daß der tatsächliche Treffpunkt also immer von dem gedachten oder gewünschten abweicht. Deshalb ist es wichtig, die Treffstrecke, in welcher der Ball mit dem Schläger zusammentreffen kann, so weit wie möglich auszudehnen.

Jeder Schlag, ob Vor- oder Rückhand, ist nichts anderes als die Hälfte einer Kreisbewegung. Irgendwo auf diesem Halbkreis, angefangen hinter dem Körper, auf Körperhöhe, kurz oder weit vor dem Körper befindet sich der Punkt, wo die Schlagfläche den Ball nach vorne zu befördern hat. Nicht nach oben, nach links oder rechts, schon gar nicht nach unten.

Das Ziel muß es sein, diese Kreisbewegung zu einer Ellipse und damit gleichzeitig die Treffstrecke zu verlängern. Das ist viel einfacher als es sich anhört. Wenn Sie Ihren Körper mit dem Schlagschwung *in den Schlag hineinbewegen,* wird die Treffzone um die Länge Ihrer Vorwärtsbewegung gestreckt.
Und wenn dann noch der Ausschwung *so weit wie möglich nach vorne/oben* fortgesetzt wird, dann kann der Schlag auch ohne Ballführung gar nicht mehr schiefgehen.

Das Zeitgefühl/Timing (G 6)

Womit wir beim tatsächlich schwierigsten Problem beim Tennis sind: Immer mit dem Körper, der richtigen Seite, dem Schläger, dem richtigen Fuß an der richtigen Position zu sein – das richtige *Timing* (Zeitgefühl), den perfekten Spielrhythmus zu entwickeln. *Wann* man am besten ausholt (anfangs ist es immer zu spät), *wo* man den Ball am besten trifft, all das bringt die Erfahrung, die Übung mit sich. Timing hat mit Gefühl zu tun, und Gefühle verändern sich, sind Schwankungen unterworfen. Sie werden also damit leben müssen, daß es Tage gibt, wo sich dieses Gefühl nicht einstellen will. Dann ist es wichtig, daß man sein Hand- und Fußwerk wenigstens technisch möglichst perfekt beherrscht.
Ihr Timing stimmt, wenn Sie Ihren Körper zur idealen Schlagposition bringen, dort den Schlag ausführen – und das alles in einer einzigen, ineinander übergehenden fließenden Bewegung ohne Unterbrechungen. An diesem Ziel müssen Sie arbeiten.

Nehmen Sie sich Zeit, Ihr individuelles *Timing* zu entwickeln. Im richtigen Moment mit dem Racket in der richtigen Stellung an der richtigen Position den Ball zu treffen ist das Ergebnis von Antizipation, Erfahrung und einem guten Auge.

Training für Fortgeschrittene

Mit diesem Teil beginnt Ihr Einstieg in die Feinheiten des Tennisspiels. Solange Sie mit Freude an Ihre Übungen herangehen, werden Sie Ihr Spiel ständig verbessern. Doch auch hier liegt der Schwerpunkt auf dem Wort »üben«. Denn gerade im Tennis gilt der abgedroschene Spruch: »Übung macht den Meister«.

Griffe zum Begreifen (T 1)

Man kennt etwa ein Dutzend verschiedener Griffe. Sie alle haben ihre Berechtigung. Gebraucht werden tatsächlich höchstens drei, und es gibt viele erfolgreiche Spieler, die kommen gar mit nur einem einzigen Griff aus.
Anfänger werden bei den vorangegangenen Übungen gemerkt haben, daß die Stellung der Schlägerfläche zum Ball

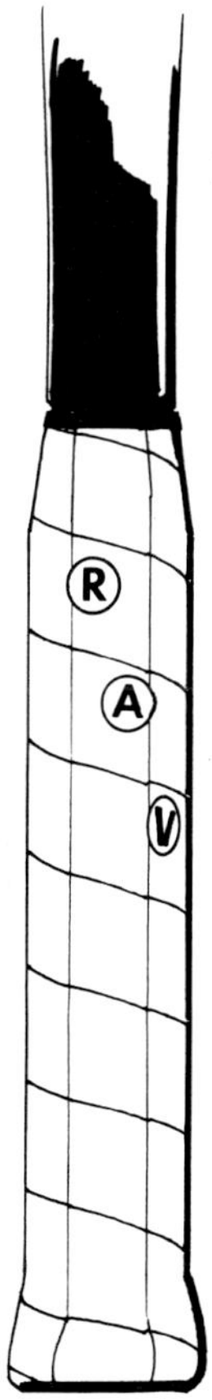

Zeichnung 13

Ihr Timing stimmt, wenn Sie Ihren Körper zur idealen Schlagposition bringen, dort den Schlag ausführen – und das alles in einer einzigen, ineinander übergehenden fließenden Bewegung ohne Unterbrechungen.

Zeichnung 13: Markieren Sie sich Ihr Racket anfangs so wie auf nebenstehender Zeichnung abgebildet. Ein »V« dort, wo der Zeigefingerknöchel bei der Vorhand, ein »A« an der Stelle für den Aufschlag, und ein »R«, wo der Knöchel beim Rückhandgriff sein sollte.

ganz entscheidend für die Flugrichtung des Balles ist. Dem strengen physikalischen Gesetz folgend, daß Einfallswinkel gleich Ausfallswinkel ist, hilft eine während des Ballkontaktes erfolgte Veränderung des Schlägerwinkels nicht mehr viel. Erleichtert wird die richtige Schlägerhaltung erheblich durch eine angepaßte Griffhaltung. Als Anfänger können Sie übrigens alle Extremgriffe ganz getrost vergessen.

Auch beim Tennis gilt, daß am meisten nützt, was den geringsten Aufwand erfordert.

Es gibt zwar erfolgreiche Tennisspieler, die die Auswahl ihrer Griffe auf zwei, manche sogar auf einen einzigen Griff beschränken. Gute Vorbilder aber sind das nicht, denn ein Einheitsgriff produziert Einheitsschläge. Schon der einfache *Topspin* wird ohne den entsprechenden Griff ausgesprochen schwierig. Im übrigen hört sich das alles nur kompliziert an. In Wirklichkeit hat man sich an das Umgreifen schnell gewöhnt.

Schauen Sie sich Ihr Racket erst einmal genau an. Der Griff ist in der Regel achteckig und je nach Beschaffenheit mit spürbaren Kanten oder abgerundeten Ekken. An der Seite ist er in der Höhe etwas länger. Das erleichtert das Umgreifen.

Als optische Hilfe zur richtigen Positionierung der Hand können Sie sich anfangs mit Hilfe von kleinen runden Büro-Aufklebern Markierungen anbringen. Benutzen Sie Ihre Zeigefingerknöchel und den Handballen unter dem kleinen Finger als Kompaß *(Zeichnung 13)*.

Greifen Sie das Racket als Rechtshänder mit Ihrer linken Hand am Herz. Legen Sie Ihre rechte Hand flach auf das Seitenbett. Jetzt rutschen Sie mit der Hand einfach flach nach unten bis ans Ende des Griffes und greifen zu, als wollten Sie dem Rakket die Hand reichen. Der Zeigefingerknöchel und der Handballen liegen jetzt flach auf der flachen Griffseite auf, der Zeigefinger ist leicht abgespreizt und der Daumen greift von der andern Seite des Griffes zu.

Zeichnung 14: Die unterschiedlichen Griffpositionen: Aufschlaggriff (A), der Vorhandgriff (V) und der Rückhandgriff (R). Ganz rechts: Rückhandgriff beidhändig.

Zeichnung 14

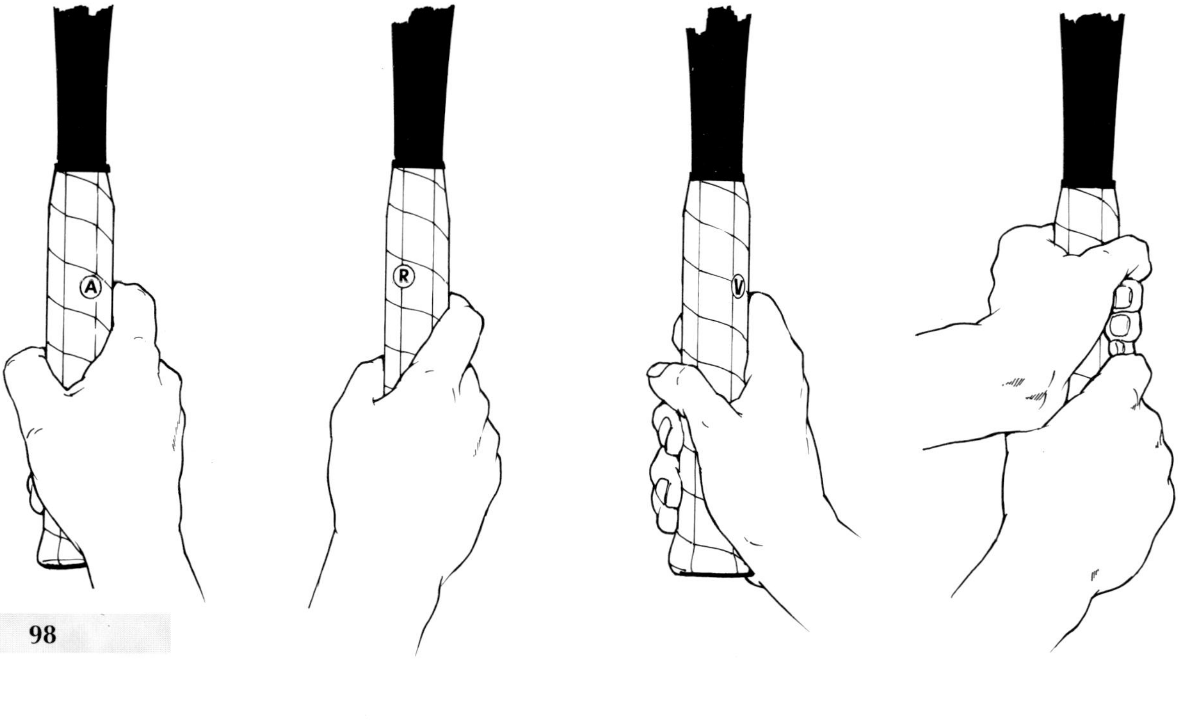

Vorhandgriff (T 2)

Diesen Griff nennt man »Eastern«-Vorhandgriff *(Zeichnung 14)*. Halten Sie das Racket mit gestrecktem Arm zur Vorhand seitlich neben sich. Erkennen Sie, daß die Schlagfläche des Rackets im rechten Winkel zur Flugbahn eines möglichen Balls steht, wenn sich das Racket etwas vor dem Körper befindet? Dann stimmt der Griff. Sowohl bei der Vor- wie auch bei der Rückhand liegt die ideale Treffzone vor dem Körper, und das verlangt nach einem entsprechenden Griff.

Rückhandgriff

Fixieren Sie das Racket nun mit der linken Hand am Herzen und drehen Sie die Schlaghand nach innen um den Racketgriff, bis der Handballen und Zeigefingerknöchel von der äußeren Flachseite auf die nächste Flachkante rutscht. Jetzt halten Sie das Racket mit dem Continental-Rückhandgriff *(Zeichnung 14)*. Wenn Sie das Racket nun zur Rückhand neben sich halten, sehen Sie, daß die Schlagfläche nur dann im rechten Winkel zu einer möglichen Ballflugbahn steht, wenn Sie das Racket wieder vor den Körper halten. Hier liegt die ideale Treffzone für die Rückhand.

Aufschlaggriff

Fixieren Sie nun erneut das Racket mit der linken Hand am Herz und rutschen Sie mit der rechten Hand wieder zurück zum Vorhandgriff, dann noch um eine Flachkante weiter, bis der Zeigefingerknöchel und der Handballen auf der unteren Kante des Griffes aufliegen. Das ist der »Eastern-Griff« *(Zeichnung 14)*, der zuverlässigste Griff für den Aufschlag, weil Sie hier die beste Ballkontrolle haben. Auch das können Sie leicht überprüfen. Halten Sie das Racket mit gestrecktem Arm und fixiertem Handgelenk nach oben über Ihren Kopf. Sie sehen, daß die Schlagfläche dann im rechten Winkel zur Schlagrichtung steht, wenn Sie das Racket ein wenig nach vorne vor den Körper bringen.

Beidhändiger Rückhandgriff

Häufig ist davon die Rede, daß die beidhändige Rück- oder Vorhand viele Nachteile mit sich bringt. Das stimmt so nicht. Man muß allerdings ein bißchen beweglicher sein. Es gibt auch viele Vorteile des beidhandgeführten Schlages. Die Richtung des Schlages läßt sich beispielsweise präziser bestimmen, in letzter Sekunde noch verändern, und der Schlagarm wird geschont. Außerdem kann man mit dem beidhandgeführten Racket auch nicht so weit ausholen. Das verkürzt die Reaktionszeit vor dem Schlag erheblich. Auf jeden Fall ist die Rückhand für Jugendliche und körperlich nicht so austrainierte Spielerinnen und Spieler zu empfehlen.

Sie brauchen nur jeweils einen Griff: Jenen, mit dem Sie Ihr Racket komfortabel festhalten können. Extreme Griffe verursachen auch extreme Probleme. Sie müssen darauf achten, daß die Racketschlagfläche in der Treffzone den idealen Winkel hat.

Gründliche Grundschläge

Auf eine solide Grundausbildung muß man sich verlassen können, deshalb ist dieser Teil des Kapitels wichtig. In Ihre Grundschläge müssen Sie einiges an Fleiß und Zeit investieren, denn wenn sich dabei Fehler einschleichen, kann man sie später nur ganz schwer wieder überwinden.

Die Grundschläge sollten Ihnen immer ein besonderes Gefühl von Sicherheit und Selbstvertrauen vermitteln. Ideal ist es, wenn das sowohl für die Vor- wie auch für die Rückhand gilt. Wählen Sie sich jeweils den Griff aus, der Ihnen am sympathischsten ist. Die Empfehlung, daß der Eastern-Vorhandgriff eben für die

Die Grundschläge sollten Ihnen immer ein besonderes Gefühl von Sicherheit und Selbstvertrauen vermitteln.

Vorhand am besten geeignet ist, muß sich nicht unbedingt mit Ihren Erfahrungen decken. Das ist eher abhängig davon, wo und wie Sie den Ball treffen. Beispielsweise würde Steffi Graf mit diesem Griff niemals die gleiche Wirkung erzielen wie mit dem von ihr bevorzugten Semi-Continental-Griff (zwischen Aufschlag- und Vorhandgriff). Suchen Sie sich also selbst den idealen Griff aus. Die wichtigsten Varianten finden Sie auf Seite 98 dieses Ratgebers.

Der Schlag geht »in den Ball hinein« (T 3)

Sowohl bei der Vor- wie auch der Rückhand gilt der Grundsatz, daß mit dem Schlag »in den Ball hineingegangen« werden muß. Der Schlag ist also keine Soloeinlage der Schlagarmschulter und des Rackets, sondern eine Gemeinschaftsaktion des ganzen Körpers.

Der Schlag ist keine Soloeinlage der Schlagarmschulter und des Rackets, sondern eine Gemeinschaftsaktion des ganzen Körpers.

Merken Sie sich bitte,

- daß der Ball so weit wie möglich vor dem *Körper* getroffen werden soll
- daß jeder Schlag *aus den Knien heraus* geführt werden sollte. Nehmen Sie sich ein Beispiel an Jimmy Connors, der vor jedem Schlag fast auf der Erde *sitzt*
- daß die Zeit, in der das Racket den Ball trifft zwar nur winzig kurz ist, Sie aber in Gedanken die *Treffzone,* in der das passieren wird, erheblich verlängern sollten
- daß jeder Schlag, der schnell sein soll oder Länge produzieren muß, *frühestens erst in Kopfhöhe enden* soll
- daß jeder Schlag, der einen Ball *langsam machen oder abbremsen soll,* von oben nach unten geführt werden muß.

Zeichnung 15

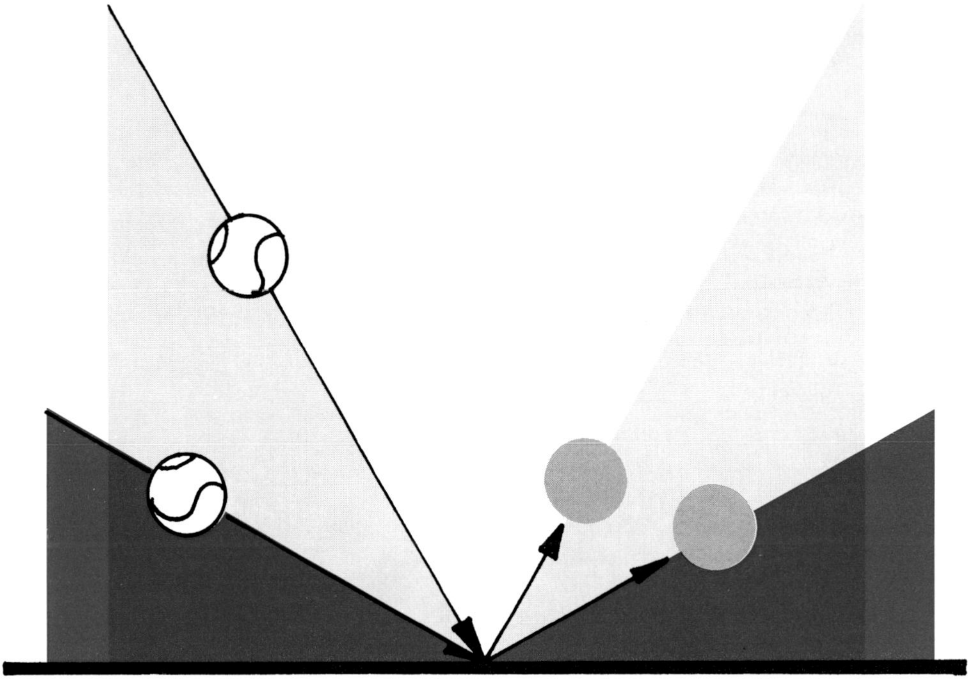

Zeichnung 15: Auftreffwinkel = Ausfallwinkel. Das gilt sowohl für das Racket wie auch beim Aufprall auf dem Boden. Nur der Spin verändert den Winkel.

Zeichnung 16

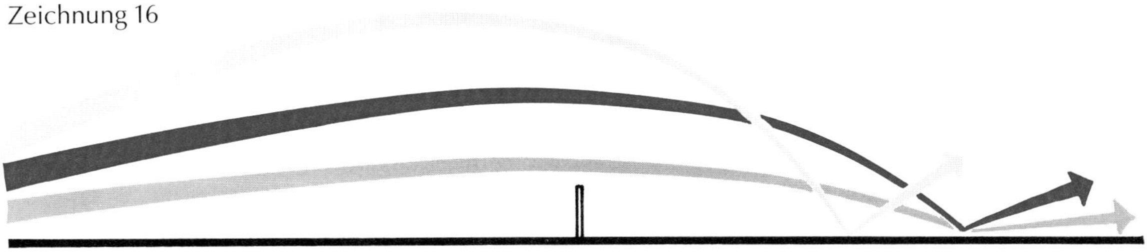

Der Winkel der Schlagflächenstellung zum Ball beeinflußt die Flugkurve des Balles ganz entscheidend (Ausfallswinkel gleich Einfallswinkel). Man unterscheidet zwischen dem *geraden Schlag (Drive)*, dem *überrissenen Schlag (Topspin)* und dem *unterschnittenen Schlag (Rückwärtsdrall)*, fälschlicherweise immer wieder als *Slice* tituliert (*Zeichnung 15*). Tatsächlich gibt es auch den *Slice*; dieser hat jedoch neben dem Unterschnitt auch noch einen seitlichen Schnitt. Wenn in diesem Buch vom *Slice* die Rede sein wird, dann ist also tatsächlich der Rückwärtsdrall mit seitlicher Umdrehung gemeint.

Merken Sie sich bitte,

– daß der *Drive* sehr effektiv als Passierball und beim Punkten ist, weil er schnell und beim Absprung flach ist (*Zeichnung 16*, mittlere Flugkurve)

– daß der *Ball mit Rückwärtsdrall (Backspin)* der ideale Verteidigungsball und Annäherungsball ist, weil er genau gesetzt werden kann und flach vom Boden abspringt, also schwer zurückzuspielen ist (*Zeichnung 16*, untere Flugkurve)

– daß der *Topspin* am besten in der Länge kontrolliert werden kann; auch dann, wenn er mit hoher Beschleunigung geschlagen wird, und daß er der beste Ball zum Angriff ist, weil er die größte Sicherheitsreserve in der Netzhöhe hat und trotzdem kurz hinter das Netz gespielt werden kann (*Zeichnung 16*, obere Flugkurve).

Die Bereitschaftsposition (T 4)

Sie haben nur dann eine Chance auf Erfolg, wenn Sie immer fähig sind, in *jede Richtung* des Platzes jederzeit starten zu können und möglichst jeden Ball, egal auf welcher Seite Ihres Körpers er Ihnen zugespielt wird, erreichen zu können. In der Bereitschaftsposition (siehe *Zeichnung 17*) sind die Beine leicht gespreizt und die Knie angewinkelt. Das Racket wird von beiden Händen vor dem Körper gehalten. Die Racketspitze zeigt zum Netz, das Gewicht des Körpers ruht auf

Zeichnung 17

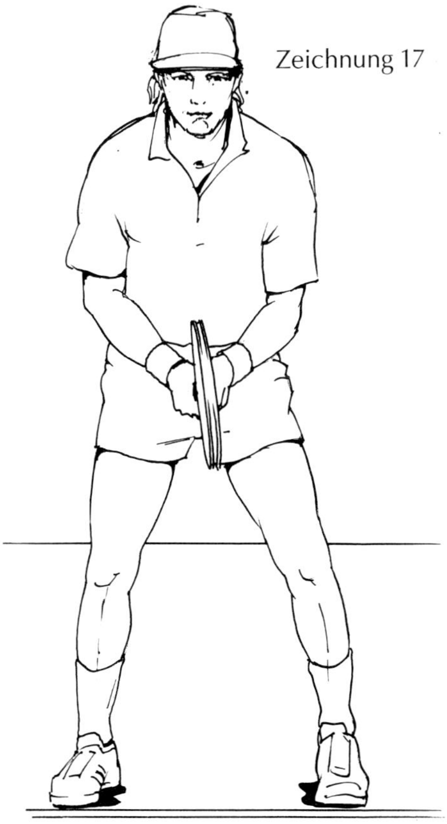

Zeichnung 16: Die unterschiedlichen Flugkurven. Obere Kurve: Topspin, mittlere Kurve: Ball ohne Spin, untere Kurve: Ball mit Backspin.

Sie haben nur dann eine Chance auf Erfolg, wenn Sie immer fähig sind, in jede Richtung des Platzes jederzeit starten zu können.

Zeichnung 17: Die Bereitschaftsposition sichert einen schnellen Zugang in alle Richtungen.

den Vorderfußballen. Wenn Sie nun außerdem auch darauf achten, daß Sie sich stets ins Zentrum der möglichen Aktionen begeben, haben Sie eine ideale Ausgangsbasis.

Folgen Sie immer der Richtung des von Ihnen geschlagenen Balls und gehen Sie sofort in Bereitschaftsstellung, wenn Ihr Gegner den Ball schlagen will. Beobachten Sie was er macht und entscheiden Sie sich dann frühzeitig für eine Richtung. Grundsätzlich gilt: offene Schlagfläche (Schlagfläche zeigt nach oben) beim Ausholen: der *Gegner setzt zum unterschnittenen Ball an.* Geschlossene Schlagfläche (Schlagfläche zeigt zum Boden): *Gegner plant einen Topspin oder Drive.*

Die Vorhand (T 5)

Unabhängig davon, ob Sie einen Topspin oder unterschnittenen Ball planen: Für jede Vorhand gilt anfangs immer die gleiche Vorbereitung. Aus der Bereitschaftsstellung *(Zeichnung 18)* nehmen Sie das Racket mit einer Schulter-/Beckendrehung zurück. Dabei verlagern Sie das Gewicht Ihres Körpers auf Ihr Schlagarmbein, und die linke Schulter und das Bekken drehen sich in Richtung des Balles. Wenn Sie wollen, können Sie bei diesem Rückschwung hoch und weit nach hinten ausholen – wie Boris Becker, wenn er eine besonders effektvolle Demonstration seines Passierballes die Linie entlang vormachen will –; der Wimbledonsieger wird allerdings den gleichen Ball auch dann schlagen können, wenn er durch den Gegner unter Druck gesetzt aus der Not heraus zu einer solchen Demonstration nicht mehr die Zeit hat, sondern das Racket nur kurz tief zurücknehmen kann, um den gleichen Schlag dann völlig überraschend mit dem gleichen Resultat zustande zu bringen.

»Kurz spart Zeit«

Sie sind immer gut beraten, wenn Sie sich eine kurze Ausholbewegung aneignen: das gibt Ihnen zusätzliche Zeit zur Vorbereitung Ihres Schlages. Unverzichtbar dabei ist, daß das Racket »unter den zu erwartenden Balltreffpunkt« gebracht wird.

Zeichnung 18

Zeichnung 18: Leicht zu erkennen, daß die kurze Ausholbewegung eine Menge Zeit spart, der lange Schwung aber mehr Power produziert.

Topspin-Vorhand

Während Sie das Racket mit Ihrer Körper-/ Schulter-Drehung nun hinter Ihren Körper und unter den Ball gebracht haben, beginnen Sie Ihr Körpergewicht in Richtung des Balls und damit auf das vordere Bein zu transportieren. Sie machen einen Schritt nach vorne, in den Ball hinein. Bei der gesamten Ausholbewegung ist der Racketkopf am besten immer parallel zum Handgelenk, und der Ellenbogen bleibt während der gesamten Schlagausführung leicht angebeugt.

Wollen Sie einen Topspin schlagen *(Zeichnung 20)*, müssen Sie das Racket so tief wie möglich absenken, und dabei ist das Racket mehr geschlossen, bei richtiger Griffhaltung öffnet sich das Racket beim Treffpunkt im rechten Winkel zum Ball. Der Balltreffpunkt muß so weit wie möglich vor dem Körper sein, der Ausschwung endet erst in Kopfhöhe.

Zeichnung 19: Eine vorbildlich geschlagene Backspin-Rückhand.

Zeichnung 19

Abbildung 20: So sieht die perfekte Topspin-Vorhand aus: Treffpunkt vor dem Körper und hoher Ausschwung.

Zeichnung 20

Backspin-Vorhand und -Rückhand

Entscheiden Sie sich für den Unterschnitt, so wird der Racketkopf nicht abgesenkt: er befindet sich vor dem Balltreffpunkt über Ballhöhe, das Racket ist etwas geöffnet, der Ausschwung bleibt unter Schulterhöhe, geht aber nach dem Balltreffpunkt (wie eine Banane) leicht nach oben. Achten Sie darauf, daß sich Ihr Handgelenk beim Balltreffpunkt vor dem Racketkopf befindet (*Zeichnung 19*, Seite 103).

Drive ohne Schnörkel (T 6)

Der Drive verlangt vor allem nach Geschwindigkeit, und der Schlägerkopf wird nicht so tief unterhalb des Balltreffpunktes abgesenkt. Das Racket wird glatt in die gewünschte Flugrichtung des Balles geschlagen, der Ausschwung geht trotzdem nach oben, allerdings nicht so hoch wie beim Topspin.

Die Rückhand (T 7)

Ausgangspunkt ist wieder die Bereitschaftsstellung. Mit der linken Hand ziehen Sie am Racketherzen das Racket zurück, dabei greift die Schlaghand zum Rückhandgriff um, die Schlagarmschulter wendet sich dem Ball zu. Das Körpergewicht wechselt auf das linke Bein, dabei gehen Sie noch tiefer in die Knie, Ihr Schlagarm streckt sich, Ihre Schlaghand ruht mit dem Rückhandgriff neben Ihrem Knie, aus der Drehung heraus machen Sie mit dem rechten Bein einen Schritt in Richtung Ball. Nun wechselt mit dem Vorwärtsschwung des Rackets von innen

Zeichnung 21

Zeichnung 21: Bei der Rückhand ist die Kniebeugung vor dem Schlag extrem wichtig. Durch die Streckung der Knie erfährt der Ball einen guten Spin und wird sicherer.

Zeichnung 22 a: Beidhändig geschlagene Rückhand.

Zeichnung 22 b: Der Racketkopf muß tief unter den Ball gebracht werden.

nach außen Ihr Körpergewicht auf das rechte Bein. *Sie gehen einen Schritt in den Ball hinein.* Der Ausschwung verläuft über Schulterhöhe und geht in die gewünschte Flugrichtung des Balles. Wie bei der Vorhand gilt auch bei der Rückhand, daß beim *Topspin* vor dem Körper bis in Kopfhöhe ausgeschwungen wird, beim *Drive* der Ausschwung mehr nach vorne und erst ganz zum Schluß nach oben zielt. Dabei gilt auch, daß der Ausschwung gleichzeitig mit der Körper-/Kniestreckung erfolgt, also der gesamte Körper beteiligt ist (*Zeichnungen 21, 22*).

Lob (T 8)

Der Lob ist eine leider viel zu wenig genutzte »offensive Waffe aus der Defensive«. Wenn der Gegner Sie am Netz attakkiert, dann bleibt Ihnen nur der *Passierball,* doch dieser geht in der Regel nur über die Längsseiten des Platzes (dort ist das Netz am höchsten) oder als kurzer *Cross* über die Mitte des Netzes (dort steht der Gegner, also muß der Ball sehr flach über das Netz gespielt werden). Das ist gefährlich und verursacht Fehler. Drei verschiedene *Lobs* stehen zur Verfügung: der *Topspin-Lob* als aggressiver Angriffs- oder Passierball, der *Backspin-Lob* als sicherer Verteidigungsschlag, und der normale *gerade Lob* ohne irgendwelche Mätzchen verlangt viel Gefühl, damit er in der »Länge« stimmt. Der *Lob* ist auch ein gutes Mittel, um einen Grundlinien-Angriff abzuwehren. Wenn also der Druck der Grundschläge auf Ihr Spiel immer stärker wird, dann unterbrechen Sie den Schlag-Rhythmus durch einen hohen *Lob.*

Zeichnung 23

Zeichnung 23: Beim Vorhand-Lob schwingt das Racket hoch über den Kopf hinaus.

Gerader Lob

Dieser Schlag unterscheidet sich nur wenig vom *Drive*. Die Ausführung ist für Vorhand und Rückhand gleich und ähnelt bis auf die Schlagflächen-Stellung und den Ausschwung dem *Drive*. Das Tempo ist merklich langsamer. Der Schlüssel für den erfolgreichen *Lob* liegt in der Treffstrecke und dem Nachführen des Rackets. Gehen Sie vor dem Schlag möglichst *tief in die Knie,* und während des Schlages strecken Sie die Knie wieder. Benutzen Sie die linke Hand zur Balance, das macht den Schwung runder. Pressen Sie im Moment des Ballkontaktes ausnahmsweise den Griff des Rackets, dadurch können Sie nicht das Handgelenk »schnappen« lassen, das wäre bei diesem Schlag Gift. Schwingen Sie langsam und hoch aus. Tun Sie so, als wollten Sie den Ball dem Gegner auf einem Tablett servieren (siehe auch *Zeichnung 23*). Gleiches gilt auch für die Rückhand.

Topspin-Lob

Auch beim *Topspin-Vorhand-* und *Rückhand-Lob* ist die Vorbereitung ähnlich wie bei den normalen Topspin-Grundschlägen. Lediglich die Schlagflächenstellung ist offener, und der Ausschwung geht nur nach oben, statt nach vorneoben. Sie erreichen das vor allem dadurch, daß Sie Ihre Knie ganz betont »nach oben« einsetzen. Gehen Sie also vor dem Schlag tief in die Knie und strekken Sie Ihre Beine im Moment des Ballkontaktes, verzichten Sie auf ein »Hineingehen in den Ball«, wie Sie es beim *Drive* machen müssen.

Backspin-Lob

Das ist normalerweise die letzte Rettung, wenn der Druck durch den Gegner immer größer wird und man aus den Ecken nicht mehr herauskommt: Das Racket wird bei der Vorbereitung nur ganz kurz zurückgenommen, die Schlagfläche ist dabei geöffnet. Der Ball soll vor der führenden Schulter getroffen werden. Die Schlagbewegung ähnelt dabei dem »Bananen-Schwung« beim Annäherungs-Schlag. Im Moment des Ballkontaktes befindet sich die untere Schlägerkante vorne. Der Ausschwung geht auch in diesem Fall wieder mehr nach oben als nach vorne; er endet bei der Rückhand erst weit über dem Kopf und weit außen, bei der Vorhand vor dem Körper über Kopfhöhe.

Trainings-Empfehlung für den Lob

Wenn Sie ohne Partner trainieren, markieren Sie sich auf der anderen Seite des Courts vor der Grundlinie einen zwei Meter breiten Streifen. Prellen Sie den Ball auf den Boden und schwingen Sie dann das Racket zum *Lob.* Versuchen Sie möglichst alle Bälle so hoch wie möglich in Ihr Zielgebiet zu bringen. Zum Topspin-Lob-Training brauchen Sie eine Ballmaschine oder einen Partner.
Wenn Sie mit Partner trainieren, übernimmt abwechselnd immer einer den Part des Schmetterballes, allerdings mit der Maßgabe, den Ball genau zu setzen und nicht nur mit Gewalt ins Feld zu donnern. Spielen Sie mit Ihrem Partner matchähnliche Situationen durch. Während einer Netzattacken unternimmt, versucht der andere ihn mit *Lobs* auszuspielen.

Schmetterbälle sind eine wirksame Waffe gegen Lobs, vor allem dann, wenn sie zu kurz geraten sind. Von der Grundlinie zu schmettern ist immer riskant.

Schmetterball (T 9)

Schmetterbälle machen den meisten Spaß, weil man dabei mal richtig Dampf ablassen kann. Sie sind die Waffe gegen Lobs, vor allem dann, wenn sie zu kurz geraten sind. Von der Grundlinie zu schmettern ist immer riskant. Der Schmetterball ist dem Aufschlag verwandt; mit dem Unterschied, daß man das Racket zum Ball bringen muß. Darin liegt das Hauptproblem. Meistens muß man zum *Smash* ja zurücklaufen. Das ist schwieriger als einfach nach vorne zu laufen.

Zwei Möglichkeiten empfehlen sich, um unter den Ball zu kommen:

1. *Sidestep-Fußarbeit* (empfehlenswert bei kurzer Distanz zum Ball): Drehen Sie die linke Schulter (Vorhand-Schmetterball) oder die Schlagarm-Schulter (Rückhand-Schmetterball) in die Richtung des Balles. Setzen Sie nun jeweils den hinteren Fuß zuerst einen Schritt nach hinten und lassen Sie den vorderen Fuß folgen. Bewegen Sie sich so Schritt für Schritt zu dem Punkt, wo Sie vermuten, daß der Ball herunterkommen wird. Gehen Sie lieber einen Schritt weiter, als einen Schritt zu kurz.

2. *Überkreuz-Schritte:* Im Gegensatz zum Sidestep setzen Sie immer zuerst den vorderen Fuß über den hinteren Fuß zurück.

Vermeiden Sie: rückwärtiges Laufen, denn dabei ist die Kontrolle über die Körperhaltung am schwächsten, die Stolpergefahr am größten.

Wer den Return beherrscht, braucht sich vor keinem Spieler mehr zu fürchten.

Schmetterball-Vorbereitung

Vorhand: Während Sie sich auf dem Weg zum Ball befinden, sollte Ihr angebeugter Ellenbogen mit ausgestrecktem Arm den Ball anvisieren, wobei der Unterarm zum Ball gerichtet sein sollte. Dadurch dreht sich automatisch Ihre Schulter in die richtige Schlagposition. Der Schlagarm befindet sich mit angewinkeltem Ellenbogen (Schlägerkopf sollte dabei nicht hinter den Körper fallen) oberhalb der Schulter. Die Schlagbewegung selbst ähnelt dann wieder dem Aufschlag, einschließlich des Sprungs zum Ball.
Rückhand: Während Sie sich auf dem Weg zum Ball befinden (mit Sidesteps oder Überkreuz-Schritten), zeigt die Ellenbogenspitze Ihres Schlagarmes auf den Ball. Dabei hängt das Racket, gehalten vom Aufschlaggriff, locker nach unten, der linke Arm ist zur Balance nach hinten weggestreckt. Zum Schlag lassen Sie nun das Racket wie einen Scheibenwischer zum Ball schwingen und strekken zum Balltreffpunkt lediglich den Arm ganz durch. So ist der Rückhand-Schmetterball absolut nicht der schwerste Schlag im Tennis, wie immer wieder behauptet wird.

Vorhand-Volley (T 10)

Der *Vorhand-Volley* ist ein einfacher Schlag im Tennis. Sie stehen in der Bereitschaftsposition und holen mit dem Racket nicht aus. Der Racketkopf befindet sich oberhalb des Handgelenks, beim Volley gehen Sie mit dem linken Fuß und dem Racket einen kurzen Schritt nach vorne in den Ball hinein. Der Volley selbst ist kein Schlag, sondern mehr ein Stoß (siehe *Zeichnung 24*). Der Oberkörper bleibt immer aufrecht. Die Höhe des Volley-Treffpunktes korrigieren Sie nur mit den Beinen: Gehen Sie dabei also so tief wie möglich in die Knie.

Rückhand-Volley (T 11)

Der *Rückhand-Volley* ist der natürlichste und deshalb problemloseste Schlag im Tennis. Wie beim *Vorhand-Volley* wird auch beim Rückhand-Flugball ganz auf das Ausholen verzichtet. Aus der Bereitschaftsposition zieht Ihre linke Hand das Racket am Herzen nach oben und nach vorne in Richtung Ball. Mit dem rechten Fuß gehen Sie in den Volley hinein. Der Volley wird nicht geschlagen, sondern gestoßen. Der Unterarm des Schlagarms ist dabei fest fixiert, das Handgelenk befindet sich auch beim Rückhand-Flugball während des Ballkontakts leicht vor dem Schlägerkopf (siehe *Zeichnung 24*).

Return (T 12)

Wenn Sie den Return beherrschen, brauchen Sie sich vor keinem Spieler mehr zu fürchten. Nehmen Sie sich ein Beispiel

Zeichnung 24

an Jimmy Connors. Er hatte zwar nicht die beste Vorhand, seine Vorhand-Returns aber waren immer von allerbester Qualität. Sie sollten sich für den Return einfach nur ein paar wichtige Dinge merken:

Zeichnung 24: Weder beim Rückhand- noch beim Vorhand-Volley wird ausgeholt. Die Bewegung geht ohne große Beschleunigung mit der Körperbewegung »in den Ball hinein«.

1. Verzichten Sie ganz aufs Ausholen.
2. Reduzieren Sie die Ausholbewegung auf ein kurzes Absenken des Racketkopfes, verbunden mit einer Drehung des Körpers.
3. *Lesen* Sie den Aufschlag Ihres Gegners (siehe Seite 132) und entscheiden Sie sich frühzeitig für eine Richtung.
4. Lassen Sie den Ball nie aus den Augen.
5. Versuchen Sie nicht mit dem Return zu punkten; freuen Sie sich, wenn Sie den Ball wieder über das Netz zurückgebracht haben.
6. Ziehen Sie den *geblockten Return* vor. Er ist sicherer über das Netz zu bringen und er macht Ihrem Gegner bestimmt Probleme.
7. Gehen Sie tief hinunter in die Knie (wie Jimmy Connors), dann gewinnt Ihr Return mehr Sicherheit.
8. Schwingen Sie nicht weit aus nach dem Treffpunkt, das verleitet Sie nur dazu, beim Return zuviel Kraft aufzubringen.

Der 5-Stufen-Plan zum Erfolg

Jede sportliche Betätigung ist abhängig von der körperlichen Fitneß, dem technischen Können, dem Willen zur Leistung, der mentalen Stärke und der richtigen Einstellung. Vergleichen wir diese fünf Fähigkeiten mal mit Stufen: Ihr persönlicher Weg zum Erfolg führt Sie wie auf einer Treppe nach oben. Oder mit Bausteinen: Je mehr Gewicht jeder dieser fünf Bausteine hat, desto stabiler wird Ihr sportliches Gebäude. Das gilt auch im Tennis in ganz besonderem Maße.

Um Tennis auf dem jeweils individuell möglichst höchsten Niveau spielen zu können, braucht man bestmöglichste physische Voraussetzungen und mentale Kondition.

Stufe 1: Fitneß und Ausdauer

Die körperliche Fitneß setzt sich aus vielen Faktoren zusammen. Wenn Sie sich lediglich auf Ihre Ausdauer und Kraft verlassen wollen, dann irren Sie sich: Fitneß hat auch mit Beweglichkeit, geistiger Frische und Selbstvertrauen zu tun. Wie es um Ihre Ausdauer bestellt ist, läßt sich schnell feststellen. Versuchen Sie mal, 30 Minuten lang ohne Pause zu laufen, oder verzichten Sie doch mal auf den Fahrstuhl und laufen Sie zu Fuß hinauf bis in die fünfte oder sechste Etage. Je eher Ihnen die Luft ausgeht, desto schlechter ist es um Ihre Grundlagen-Ausdauer bestellt.

Um Tennis auf dem jeweils individuell möglichst höchsten Niveau spielen zu können, braucht man bestmögliche physische Voraussetzungen und mentale Kondition. Schlaffe Muskeln verkrampfen während einer Belastung schneller und behindern so die Beweglichkeit der Arme und Beine. Abgespanntheit und Müdigkeit schwächen die Nervenkraft.

Rechte Seite: Auch dem jüngsten Wimbledon-Sieger ist der Erfolg nicht in den Schoß gefallen. Boris Bekker arbeitet ständig an der Verbesserung seines Spiels.

Kraftwerk Körper

Der menschliche Körper ist, etwas salopp ausgedrückt, nichts anderes als eine hochentwickelte Maschine. Wenn Sie in Ihr Kraftfahrzeug steigen und den Anlasser betätigen, erwarten Sie, daß alle Leistungskomponenten, also Steuerungsfunktionen, Energiefluß, Zündung, Verbrennung und Abtransport der Verbrennungsrückstände, reibungslos zusammenwirken, damit die erwartete Leistung wirksam wird. Wenn aber beispielsweise der Vergaser nicht in Ordnung ist, dann bekommt der Verbrennungsmotor zu wenig Sauerstoff, und schon stottert er. Wenn Sie Ihren Kraftstoff aufgebraucht haben, müssen Sie nachtanken oder Sie bleiben mit Ihrem technischen Wunderwerk liegen. Gleiches passiert, wenn die Zuführung der Energiequelle zur Verbrennung nicht funktioniert. Was passiert, wenn die empfindliche Elektronik aussetzt, erleben Sie mit Ihrem eigenen Körper, wenn Ihre Nerven versagen und so die Biomechanik in Unordnung gerät.

In Ihrem Körper läuft bei jeder Leistungsabforderung im Prinzip das gleiche ab wie in Ihrem Auto. Der gesamte Vorgang reduziert sich dabei auf eine, wenn auch höchst kompliziert geregelte, Muskeltätigkeit. Ihr Herzmuskel ist Kraftquelle und Energielieferant in einem. Mit jedem Pulsschlag schickt er zwischen 70 und 100 Kubikzentimeter Blut über die Blutgefäße in den entferntesten Winkel Ihres Körpers. Pro Minute zwischen fünf und sieben Liter Blut.

Power aus Zucker

In Ihrem Körper wirken viele Muskeln. Sie können sich auf Befehl zusammenziehen (kontraktieren) und lassen sich auch ausdehnen. Wenn ein solcher Muskel tätig wird, verbrennt er je nach Kraftaufwand eine bestimmte Menge hochwertigen Zucker (Glykogen, siehe auch Seite 125) und erzeugt dabei Verbrennungsrückstände (Schlacken), die sich teilweise als Milchsäure oder Fettsäure in den Muskeln ablagern, was beispielsweise auch zum Muskelkater führt. Beim Verbrennungsvorgang verbraucht der Muskel Sauerstoff und erzeugt Wärme. Damit die Temperatur im Körper nicht zu sehr ansteigt, muß die Wärme abgeleitet werden. Das geschieht ebenfalls mit Hilfe des Blutes und über die Haut, die über ein ausgeklügeltes Kühlsystem verfügt, indem sie Flüssigkeit (Schweiß) absondert. Die Leistungsfähigkeit des Muskels ist abhängig von seinem Umfang, und dieser läßt sich durch ein entsprechendes Training vergrößern.

Baustein F 1: Je nach Leistungswunsch bis zu dreimal in der Woche jeweils 3000 m oder 20 km mit dem Rad.

Funktioniert der Transport von Sauerstoff über die roten Blutkörperchen und der Rücktransport der Verbrennungsrückstände mit den weißen Blutkörperchen reibungslos, dann funktioniert auch die Energiebereitstellung für den Kraftaufwand. Übrigens ist dann auch die Versorgung des Gehirns mit Sauerstoff gewährleistet, was für geistige Frische und mentale Stärke unverzichtbar ist.
Auf seinem Weg bis in die kleinsten Blutgefäße (Papillaren) nimmt das Blut auch Stoffwechselprodukte (Energie) aus dem Darm auf, welche vorher in der Leber von allen schädlichen Stoffen, wie beispielsweise Alkohol oder Medikamente, gereinigt wurden. Da mit dem frischen Blut sogenannte Antikörper an erkrankte Körperzellen abgegeben werden, funktioniert mit einer guten Durchblutung auch der Abwehrmechanismus des Körpers gegen Erkrankungen besser. Der Austausch der Verbrennungsreste (Schlacken) gegen frischen Sauerstoff geschieht dabei in der Lunge. Je größer das Lungenvolumen, desto umfangreicher wird das Blut mit Sauerstoff angereichert, desto größer ist folglich auch die Leistungsfähigkeit.
Erfolgreiche Spieler steuern ihre Fitneß so, daß sie ihre Höchstleistung während eines Turnieres erreichen. Sie sollten sich also darüber bewußt werden, welche Ziele für Sie besonders wichtig sind und dann Ihr Fitneßprogramm darauf auslegen. Zur Fitneß zählen Ausdauer, Schnelligkeit, Stärke, Beweglichkeit und mentale Stärke. Bevor Sie mit dem Training beginnen, sollten Sie jedoch durch einen Besuch bei einem Arzt, am besten einem Sportarzt, sicherstellen, ob Ihr Körper den zu erwartenden Belastungen gewachsen ist. Dabei ist von entscheidender Bedeutung, wie hoch Sie sich selbst Ihre Ziele stecken.

Ausdauer

Ein hartumkämpftes Tennismatch erfordert ein starkes Herz, leistungsfähige Lungen, kraftvolle Arme und Beine; Voraussetzungen also, die man unter dem Oberbegriff Ausdauer zusammenfassen kann. Diese erreicht man im Training am besten mit Laufen, Radfahren oder Rudern, weil dabei neben der Muskelkraft auch die Lungenkapazität vergrößert wird. Es ist erstaunlich, welche Leistungssteigerung sich durch ein regelmäßig wiederholtes Laufprogramm erreichen läßt.

Laufen; auch Radfahren, Rudern usw. (F 1)

Jedes Lauftraining sollte sich zusammensetzen aus einer individuell ausgewählten regelmäßigen Langstrecke (Minimum: einmal pro Woche) sowie einem Programm aus kurzen Sprints zur Entwicklung von Geschwindigkeit und der Fähigkeit, sich schneller zwischen Belastungen zu erholen. Vorausgesetzt, Ihr Arzt hat Ihnen grünes Licht gegeben, sollten Sie mit 3 Kilometern ein-, zweimal die Woche in einem für Sie angenehmen Tempo starten.

Messen Sie sich mit Hilfe Ihres Autos oder einem Schrittmesser verschieden lange Rundstrecken aus (drei, vier, fünf, sechs Kilometer), und setzen Sie sich steigernde Ziele. Entweder Sie laufen auf Länge (3, 4, 5 bis 10 Kilometer) oder auf Zeit (30, 45 bis 60 Minuten).

Atemtechnik

Gewöhnen Sie sich an, mit Ihrem Zwerchfell tief durchzuatmen, das vergrößert das Luftvolumen erheblich. Beginnen Sie jeden Tag mit einigen Minuten Atemtraining. Legen Sie sich dazu eine oder beide Hände auf Ihren Bauch in Höhe des Bauchnabels und atmen Sie nun langsam und tief in das Zwerchfell ein. Sie müssen spüren, wie sich zuerst das Zwerchfell füllt und erst dann Ihre Lunge. Atmen Sie auch ganz bewußt und tief aus. Richtiges Ausatmen ist ohnehin wichtiger als richtiges Einatmen, weil das richtige Einatmen meist automatisch funktioniert, beim zu flachen Ausatmen aber schnell die Luft ausgeht, weil sich die Lunge so nicht von der verbrauchten Luft trennen kann.

Pulsfrequenz (F 2)

Die Pulsfrequenz verrät Ihnen, in welcher Schlagzahl Ihr Herz das Blut durch Ihre Adern pumpt, und mit Hilfe der Pulsfrequenz können Sie auch feststellen, wie schnell es aus der Leistungsphase wieder in den Ruhezustand zurückfindet. Daraus läßt sich Ihr Fitneßgrad ermitteln. Die normale Pulsfrequenz in der Ruhephase liegt bei einem gesunden Menschen zwischen 60 und 80 Schlägen pro Minute.
Sie können Ihren Puls relativ einfach auch während des Laufens ermitteln. Ideale Meßpunkte sind direkt an der Innenseite des Handgelenks, während des Laufens seitlich am Hals, unterhalb vom Unterkiefer. Sie brauchen zur Pulsmessung eine Armbanduhr mit Sekundenzeiger oder eine Stoppuhr. Zählen Sie Ihre Schläge 15 Sekunden lang und multiplizieren Sie das Ergebnis mit vier. Sie können Ihre Pulsfrequenz während des Lauftrainings bedenkenlos bis 140 oder 150 Schläge steigern und dort halten. Nach Beendigung des Trainings sollten Sie innerhalb von höchstens fünf Minuten wieder Ihren Ruhepuls erreicht haben. Sie werden feststellen, daß mit der Steigerung Ihrer Fitneß dieser Zeitraum immer kürzer wird.

Beginnen Sie jeden Tag mit einigen Minuten Atemtraining.

Schnelligkeit (F 3)

Während Sie Ihre Ausdauer aufbauen, sollten Sie auch Ihre Schnelligkeit nicht vergessen. Ihr Körper muß lernen, mit Müdigkeit schneller fertig zu werden und sich schnell zu erholen. Besonders beim Tennis wird die Leistung in schnell wechselnden Intervallen abgefordert. Das beste Training besteht deshalb aus Intervall-Übungen, zusammengesetzt aus Sprints, Erholungspausen und Ausdauer-Übungen. Solche Trainingseinheiten lassen sich sehr gut mit technischen Übungen kombinieren. Man kann sie zwar auch alleine auf einem Tennisplatz durchführen, besser aber ist es, wenn ein Partner dabei ist.

Baustein F 2: Kontrollieren Sie vor, während und nach jeder körperlichen Belastung Ihren Puls. Ihr Ruhepuls sollte spätestens nach fünf Minuten wieder erreicht sein.

Sprint-Übungen

Plazieren Sie drei Bälle auf der Einzelfeld-Seitenlinie. Starten Sie von der gegenüberliegenden Seite. Sprinten Sie quer über das Spielfeld zum ersten Ball und bringen Sie ihn zu Ihrer Ausgangsposition. Legen den Ball dort ab und starten Sie ohne Unterbrechung zum zweiten Ball usw. Wenn Sie durchschnittlich schnell sind, sollte es Ihnen nicht schwerfallen, in etwa zwölf bis 13 Sekunden die drei Bälle verlegt zu haben. Steigern Sie die Zahl der Bälle im Laufe der Zeit auf bis zu neun Bälle. Die zu erreichende Zeit liegt dann so um die 40 Sekunden.
Sie können sich auch im Zusammenspiel mit einem Partner oder einer Ballmaschi-

Baustein F 3: Nehmen Sie solche Übungen ernst, aber überstrapazieren Sie sich nicht. Die Schnelligkeit hat mit Spritzigkeit zu tun.

Baustein F 4: Sie finden hier zwei Beispiele für matchähnliche Übungen. Lassen Sie Ihrer Phantasie freien Raum, aber übertreiben Sie es nicht.

ne fünf Minuten lang Bälle abwechselnd rechts und links auf die Grundlinie zuspielen lassen und versuchen Sie alle zu erlaufen und zurück zu spielen. Fünf Minuten Pause, dann wieder fünf Minuten lang Bälle schlagen. Wiederholen Sie diese Übung mindestens fünfmal.

Ausdauer-Schnelligkeits-Übung (F 4)

Zu den notwendigen Tennisfähigkeiten gehören schnelle Beinarbeit, gute Körperbeherrschung, gutes Timing und frühe Reaktionen. Clinics (Trainingseinheiten unter spielähnlichen Bedingungen) eignen sich hervorragend zum Training dieser Fähigkeiten. Man sollte mindestens zu zweit sein, ideal sind drei Teilnehmer. Wie man eine solche Ausdauer-Schnelligkeits-Übung aufbaut, richtet sich ganz nach dem individuellen Trainingsprogramm. Jeder Schlag, der gesondert trainiert werden soll, kann in diese Clinics eingebunden werden. Die Übungseinheiten sollten mit 15 Bällen je Einheit gestartet werden. Pause dazwischen etwa fünf Minuten.

Baustein F 5: Möglichst jeden Tag je nach Wohlbefinden ein Zirkeltraining durchziehen, nach Bedarf die Anzahl der Übungen steigern.

Beispiel 1: Schmetterball-Übung
Ein Spieler (A) an der Grundlinie, ein Spieler (B) im gegenüberliegenden Feld. A sprintet zum Netz und berührt mit dem Racket die Netzkante, B spielt einen Ball aus der Hand hoch als Lob über Spieler A hinweg, Spieler A nimmt den Lob als Schmetterball und spurtet sofort wieder vor zum Netz, berührt die Netzkante mit dem Schläger, während Spieler B erneut einen Lob aus der Hand spielt usw. Nach 15 Bällen zwei Minuten Pause. Dann Wiederholung des Ganzen.

Beispiel 2: Schmetterball/Volley-Übung
Spieler A am Netz, Spieler B und C an der Grundlinie. Sie versuchen den Spieler am Netz fünf Minuten lang zu passieren oder zu überloben. Wechsel im Uhrzeigersinn. Spieler B am Netz, Spieler C und A an der Grundlinie usw. Gesamtdauer der Übung etwa 15 Minuten bei ständigem Wechsel.

Kraft

Physische Kraft, gepaart mit Schnellkraft und Schnelligkeit, ist unerläßlich für erfolgreiches Tennis. Muskeltonus und muskuläre Belastbarkeit kann man mit einem Zirkeltraining, bestehend aus gymnastischen Übungen und Training mit leichten Gewichten, ausbauen.

Zirkeltraining (G 5)

Machen Sie die folgenden sieben Übungen nach Möglichkeit täglich. Fertigen Sie sich ein Programm, dem Sie möglichst penibel folgen sollten, damit Sie nicht die gleichen Körperpartien zweimal hintereinander belasten. Wickeln Sie ein solches Programm ohne Pause zweimal hintereinander ab. Zwischen jeder Übung sollten Sie 45 Sekunden Pause einlegen. Stoppen Sie die Zeit der gesamten Übung, damit Sie Ihre Entwicklung verfolgen können. Die Zahl in Klammern gibt Ihnen ein Ziel für die Anzahl der Übungen an, auf die Sie diese Übung nach und nach steigern sollten.

1. *10(50)mal Liegestütze,* dabei die Ellenbogen immer nur halb durchbeugen.
2. *10(50)mal Sit-ups:* Legen Sie sich flach auf den Rücken, die Beine leicht angewinkelt, Hände hinter Ihrem Rücken, setzen Sie sich nun ohne fremde Hilfe auf und bringen Sie Ihre Stirn möglichst nahe an Ihre Knie heran. Legen Sie Ihren Oberkörper dann wieder zurück, ohne mit Ihrem Rücken den Boden zu berühren.
3. *8(40)mal Step-ups:* Stellen Sie einen Fuß auf eine etwa 40 bis 50 Zentimeter hohe stabile Kiste, Stufe oder Stuhl. Steigen Sie nun mit dem einen Bein hinauf, strecken Sie das Bein durch und steigen Sie dann wieder herunter, ohne das andere Bein zu Hilfe zu nehmen. Wechsel auf das andere Bein.

4. *10(50)mal Beine anheben:* Legen Sie sich auf den Rücken, Hände im Genick. Heben Sie anschließend die Beine mit durchgedrückten Knien bis zum rechten Winkel mit Ihrem Oberkörper an. Legen Sie daraufhin die Beine ganz langsam wieder ab.
5. *10(50)mal Froschsprünge:* Gehen Sie in die Hocke, Brust auf die Knie. Springen Sie aus dieser Position nach vorne, federn Sie wieder in die Hocke, Brust auf die Knie usw. Wiederholung ohne Pause. Vorsicht: Das Gesäß bei diesen Übungen nie tiefer als Kniehöhe. Meniskusgefährdung!
6. *3(10)mal Rücken-Streckung:* Legen Sie sich auf den Bauch, Arme an der Seite. Heben Sie nun Ihren Kopf und die gestreckten (durchgedrückte Knie) Beine an und halten Sie Ihren Körper sieben Sekunden lang so. Sieben Sekunden lang entspannen und die Übung anschließend wiederholen.
7. *15(60)mal Startstellung:* Gehen Sie in die Hocke, die Hände wie ein Sprinter in der Startposition auf den Boden, die Knie zwischen den Armen. Richten Sie nun Ihre Beine auf, bis sie und der Rücken durchgestreckt sind. Position durchgestreckt halten, dann wieder zurück in die Ausgangsposition. Übung wiederholen.

Kraftraum-Training

Zum Krafttraining mit Gewichten ist auf jeden Fall ein einwandfreies Gerät und eine fachgerechte Anleitung erforderlich. Tennisspieler sollten ohnehin beim Training im Kraftraum die Übungen gemeinsam mit einem Trainer sehr sorgfältig auswählen, da es viele Übungen gibt, die dem Tennis nicht gerade dienlich sind. Es schadet aber nicht, wenn ganz gezielte Übungen zur Stärkung der Oberschenkel-, Rücken-, Brust- und Arm-Muskulatur ausgesucht werden. Vergessen Sie aber niemals, sich vor dem Training mit Gewichten immer richtig aufzuwärmen.

Beweglichkeit (F 6)

Die meisten Verletzungen beim Tennis passieren dann, wenn der Körper noch nicht warm ist, die Gelenke, Sehnen und Muskeln noch steif sind. Körperliche Beweglichkeit läßt sich vor allem mit sinnvollen Stretching-Übungen erzielen. Solche Übungen müssen vor jeder Trainingseinheit und vor jedem Match unbedingt durchgearbeitet werden. Opfern Sie wenigstens fünf bis zehn Minuten vor jeder Trainingseinheit und vor jedem Match. Die im folgenden aufgeführten Stretching-Übungen sind mit freundlicher Genehmigung von Kurt W. Ehrhardt, Autor der Rubrik »Muskelheizung«, der Fachzeitschrift »TENNIS Revue« entnommen.

Diese Übungen zeichnen sich übrigens ganz besonders dadurch aus, daß sie leicht und ohne Verletzungsrisiko auch von ungeübten Anfängern nachvollzogen werden können. Leistungssportlern sind sie aber darüber hinaus ebenfalls zu empfehlen, in solchen Fällen braucht nur die Frequenz und Dauer der Übungen erhöht zu werden.

Machen Sie die Übungen rhythmisch. Wenn Sie zum Stretching keine flotte Musik ablaufen lassen können, dann versuchen Sie es mit Zählen. Unterteilen Sie Ihren Körper in drei Partien: »Oberer Körper« (Kopf/Nacken/Schulter/Arme), »Mittlerer Körper« (Brust/Bauch/Becken/Aduktoren/Gesäß) und »Unterer Körper« (Oberschenkel/Knie/Waden/Achillessehne/Sprunggelenk). Sie finden nachfolgend zehn verschiedene Übungen. Sie sind mit einem »O« für »Oben«, »M« für »Mitte« oder »U« für »Unten« gekennzeichnet und numeriert.

Sie müssen zwar nicht alle zehn Übungen jedesmal durchziehen, aber Sie sollten aus jedem Übungsblock wenigstens eine der Übungen jedesmal eingeschlossen haben.

Baustein F 6: **Das Programm »Muskelheizung« ist ein rundes Paket. Arbeiten Sie es vor jedem Training, jedem Match auf jeden Fall einmal durch.**

Wenigstens fünf bis zehn Minuten vor einem Match oder einer Trainingseinheit sollten für Stretchingübungen geopfert werden. Auf diese Weise können Verletzungen vermieden werden.

Vergessen Sie nicht, immer gleichmäßig und tief durchzuatmen. Auf keinen Fall dürfen Sie bei diesen Übungen die Luft anhalten.

Ein paar wichtige Punkte sollte man beim Stretching beachten:

1. Vor den Übungen ein paar Runden laufen, um die Muskeln zu lockern und zu erwärmen.
2. Gedehnt wird nicht schnell, sondern langsam! Anfangs sollte eine der in diesem Abschnitt aufgeführten Stretchingübungen etwa 20 bis 45 Sekunden andauern, wer gut trainiert ist, kann auf etwa 45 bis zu 90 Sekunden steigern.
3. Jede Übung sollte mindestens zwei- bis dreimal wiederholt werden.
4. Vorsicht: kein Nachfedern – dadurch wird der Muskel eher fester.
5. Ganz wichtig: Vergessen Sie nicht, immer gleichmäßig und tief durchzuatmen. Auf keinen Fall dürfen Sie bei diesen Übungen die Luft anhalten.
6. Das Knie sollte immer in einem rechten Winkel (90 Grad) über dem Sprunggelenk bleiben. Der Meniskus wird so geschont.

Zeichnung 25

Zeichnung 25: Eine leichte Ouvertüre für das obere Körperdrittel ist die Übung O 1.

Oberes Körperdrittel (Kopf, Nacken, Schulter, Oberarme und Brust)

Übung O 1 (*Zeichnung 25*)

Eine ideale Ouvertüre. Stellen Sie sich mit gespreizten Beinen auf, das Racket locker vor dem Körper, dann legen Sie das Racket zuerst flach links neben den linken Fuß, dann richten Sie sich wieder auf, anschließend Racket rechts neben den rechten Fuß. Fünfmal wiederholen, dann Wechsel auf die linke Hand, fünfmal wiederholen. Aufrecht stehend kurz die Muskeln ausschütteln. Nehmen Sie dann das Racket vor den Körper, eine Hand am Schlägerkopf, die andere am Schlägergriff, und drehen Sie nun Ihren Oberkörper so weit wie möglich nach links, dabei zieht die linke Hand den Schlägerkopf so weit wie möglich vom Körper weg. Anschließend drehen Sie Ihren Oberkörper nach rechts, die rechte Hand zieht nun den Schlägergriff so weit wie möglich nach rechts hinter den Körper. Übung fünfmal wiederholen – auch öfter, wenn Sie wollen.
Anschließend aufrecht stehend die Muskeln ausschütteln.

Übung O 2 (*Zeichnung 26*)

Greifen Sie Ihr Handtuch an den Enden mit beiden Händen hinter Ihrem Rücken und haken Sie einen Fuß in die »Handtuchschlaufe«. Ziehen Sie nun den Fuß (bei geradem Rücken!) nach oben, halten Sie diese Stellung ein paar Sekunden (zählen Sie bis fünf). Dann beugen Sie sich nach vorne und ziehen den Fuß mit dem Handtuch weiter nach oben. Fünf Sekunden lang halten. Übung mindestens dreimal wiederholen, dann auf den anderen Fuß wechseln.
Aufrecht stehend Muskeln ausschütteln.

Zeichnung 26

Zeichnung 26: Das Handtuch als Sportgerät.

Übung O 3 (*Zeichnung 27*)

Sie werden in Ihrer Tennishalle oder auf Ihrem Tennisplatz (evtl. im Umkleideraum) sicher eine Bank vorfinden. Legen Sie beide Hände flach auf die Vorderkante einer Sitzbank und gehen Sie anschließend mit Ihren Beinen so weit von der Bank weg, bis sich Ihr Kopf über der Vorderkante der Sitzbank befindet. Machen Sie nun langsam (die Betonung liegt auf langsam, nicht auf der Häufigkeit der Wiederholungen!) Liegestütze. Beginnen Sie mit fünf und steigern Sie im Laufe der Zeit nach Belieben. Anschließend Muskeln ausschütteln.

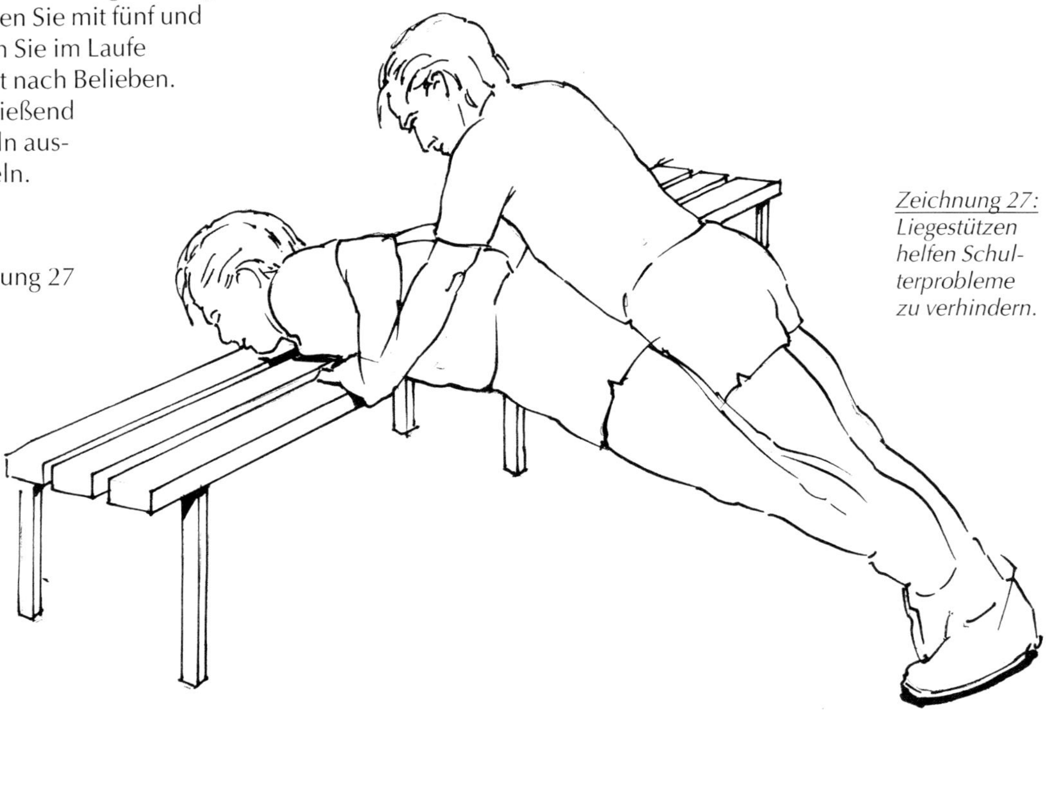

Zeichnung 27

Zeichnung 27: Liegestützen helfen Schulterprobleme zu verhindern.

Mittlerer Körperteil (Becken, Gesäß, Aduktoren, Oberschenkel)

Übung M 1 (*Zeichnung 28*)

Stellen Sie sich mit gespreizten Beinen auf. Nehmen Sie Ihr Racket hinter Ihrem Körper am Griff und Racketkopf. Beugen Sie nun das linke Knie und ziehen Sie dabei das Racket mit der linken Hand nach links oben. Dann wieder zurück in die Ausgangsstellung. Ziehen Sie nun das Racket mit der rechten Hand nach rechts oben und beugen Sie dabei das rechte Knie. Halten Sie jede Stellung etwa fünf Sekunden. Wiederholen Sie jede Phase dreimal.
Anschließend Muskeln ausschütteln.

Übung M 2 (*Zeichnung 29*)

Stellen Sie sich mit schulterbreit gespreizten und durchgestreckten Beinen auf und stützen Sie sich mit beiden Händen auf Ihrem Racket ab, der Rücken ist dabei gebeugt. Ziehen Sie jetzt das Knie an, seitlich an Ihrem Arm vorbei, und strecken Sie es anschließend nach hinten weg. Achten Sie darauf, daß Ihr Rücken dabei gerade bleibt, und wiederholen Sie dieses abwechselnde Anziehen und Wegstrecken fünfmal, ehe Sie die gleiche Übung dann mit dem linken Bein wiederholen.
Anschließend Muskeln ausschütteln.

Übung M 3 (*Zeichnung 30*)

Stellen Sie sich mit leicht gespreizten Beinen auf. Nehmen Sie das Racket hinter Ihrem Rücken quer in die Hand. Bringen Sie nun das Racket, indem Sie in die Hocke gehen, bis hinunter zur Ferse, strecken Sie anschließend das Racket in den Himmel und dabei auch die Beine durch. Halten Sie diese Position bis fünf,

Zeichnung 28: Die Übung M 1 hilft Ihnen, Verletzungen des Oberschenkels zu vermeiden. Wiederholen Sie jede Phase dreimal.

Zeichnung 28

Zeichnung 29

dann wieder zurück in die Hocke. Halten Sie auch diese Position bis fünf. Wiederholen Sie die Übung mindestens fünfmal. Kurze Pause – dann stellen Sie das Rakket vor sich auf, die Beine sind wieder leicht gespreizt, Sie stützen sich auf dem Racket ab. Jetzt gehen Sie langsam in die Knie, bis die Ellenbogen direkt zwischen Ihren Oberschenkeln sind. Halten Sie diese Stellung wieder fünf Sekunden lang. Wiederholen Sie diese Übung fünfmal. Achten Sie unbedingt darauf, daß Ihr Gesäß nie tiefer als das Knie absinkt und halten Sie den Rücken so gerade wie möglich.
Anschließend Muskeln ausschütteln.

Zeichnung 29: *Die Übung M 2 ist gut für Ihre Wirbelsäule.*

Zeichnung 30: *Die Übung M 3 lockert Ihre Oberschenkel- und Bekken-Muskulatur.*

Zeichnung 30

Zeichnung 31

Zeichnung 31: Mit der Übung U 1 strecken Sie vor allem Ihre Wadenmuskulatur und die Achillessehne.

Unteres Körperdrittel (Oberschenkel, Knie, Waden, Achillessehne, Sprunggelenke)

Übung U 1 (*Zeichnung 31*)

Stellen Sie sich aufrecht auf, das Racket wieder in beiden Händen. Kreuzen Sie die Beine. Dann bringen Sie das Racket nach vorn, halten es einen kurzen Moment auf Hüfthöhe und drücken es anschließend hinunter bis zu den Zehen, möglichst bis auf den Boden. Halten Sie diese Stellung fünf Sekunden lang und ziehen Sie dann den Schläger auf Hüfthöhe. Dann richten Sie sich langsam wieder auf. Wiederholen Sie diese Übung dreimal, wechseln Sie dann die Beine und wiederholen Sie alles noch einmal von vorne. – Kurze Pause. – Dann nehmen Sie bei leicht gespreizten Beinen das Rakket über den Kopf und machen dann einen tiefen Ausfallschritt – achten Sie dabei darauf, daß das gebeugte Knie direkt über dem Sprunggelenk ist, nicht davor (das Knie nicht mehr als 90 Grad beugen!). Halten Sie diese Stellung fünf Sekunden lang (nicht nachfedern!), anschließend richten Sie sich auf, lockern die Muskeln und wechseln auf das andere Bein. Wiederholen Sie diesen Teil der Übung jeweils fünfmal.
Anschließend die Muskeln gründlich ausschütteln.

Übung U 2 (*Zeichnung 32*)

Setzen Sie sich auf eine Bank, ziehen Sie das rechte Bein an und beugen sich dann zum linken Fuß hinunter. Fassen Sie mit der linken Hand auf den Spann und ziehen Sie sich so weit es geht nach unten. Anschließend fassen Sie Ihre Fußspitze und ziehen sie nach oben. Nach mehreren Wiederholungen machen Sie bitte die gleiche Übung mit dem anderen Bein.
Anschließend Muskeln ausschütteln.

Übung U 3 (*Zeichung 33*)

Stellen Sie sich einen Stuhl mit der Lehne zum Körper. Legen Sie beide Hände auf die Lehne und gehen Sie so weit zurück, daß die Fußsohlen flach aufstehen. Heben Sie nun jedes Bein im Wechsel bis an

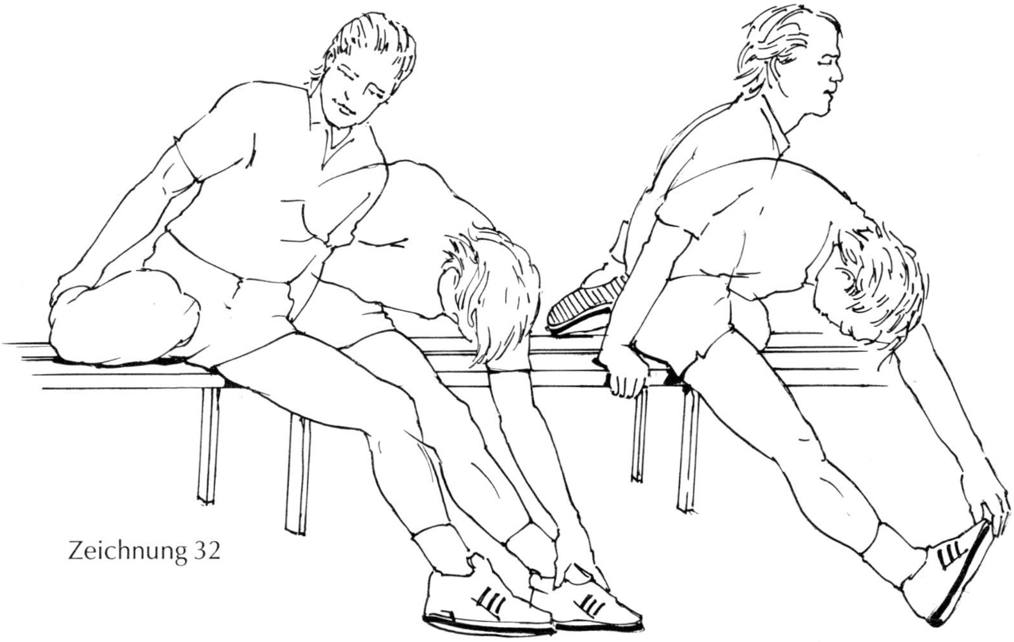

Zeichnung 32

Zeichnung 32: *Nutzen Sie – wie hier für die Übung U 2 – die Tennisplatzeinrichtung für Ihr Stretching-Programm; eine Sitzbank findet sich überall.*

die Brust heran, anschließend wird das Bein zur Seite weggestreckt. Die Übungen jeweils im Wechsel pro Bein fünfmal wiederholen. – Stellen Sie nun ein Bein im Knie im rechten Winkel abgewinkelt auf die Sitzfläche. Gehen Sie langsam mit dem anderen Bein so weit zurück, daß das Gewicht auf der Fußspitze ruht. Dann das Knie dieses Beines langsam in kleinen Stücken nach unten absenken, ohne daß dabei nachgefedert werden darf (Achtung, Verletzungsgefahr!). Das Bein wieder aufstellen und nach einer kurzen Ruhepause die Übung wiederholen, insgesamt fünfmal. Dann Wechsel auf das andere Bein.
Anschließend die Muskulatur gut ausschütteln.

Zeichnung 33: *Die Übung U 3 ist wichtig für Ihre Beinmuskulatur und für die Achillessehne.*

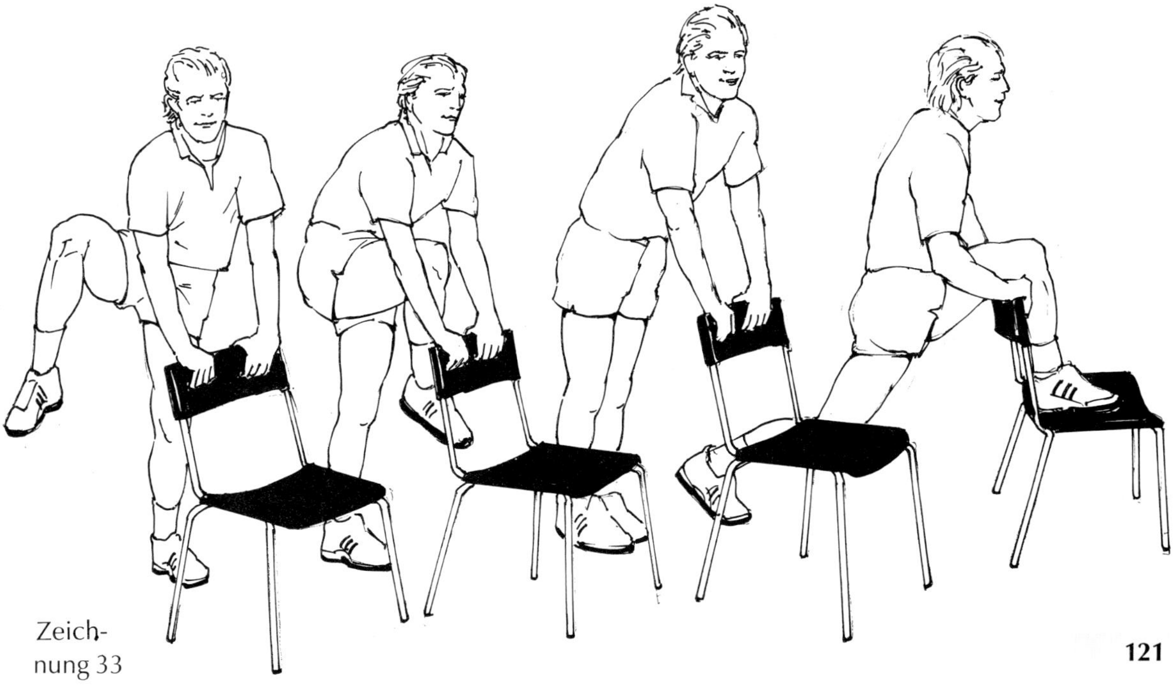

Zeichnung 33

Zeichnung 34: Die Übung U 4 hilft Ihnen, Achillessehnen-Verletzungen zu vermeiden. Sie setzt sich aus vier getrennten Abschnitten zusammen, und Sie sollten jeden einzelnen Abschnitt mindestens fünfmal wiederholen.

Übung U 4 (*Zeichnung 34*)

Diese Übung setzt sich aus vier getrennten Abschnitten zusammen. Wiederholen Sie jede einzelne Übung mindestens fünfmal. Setzen Sie sich auf einen Stuhl. Ziehen Sie zuerst ein Bein mit beiden Händen an den Oberkörper heran. Halten Sie diese Position fünf Sekunden lang. Fünfmal wiederholen, dann Wechsel zum anderen Bein.

Beine kurz ausschütteln.

Dann fassen Sie mit der Hand (linkes Bein – linke Hand) Ihre Fußspitze und strecken das Bein gerade. Diese Position fünf Sekunden lang halten. Im Wechsel fünfmal wiederholen.

Setzen Sie sich nun auf den Stuhl, ohne sich anzulehnen. Ziehen Sie beide Beine an Ihren Oberkörper heran. Die Arme sind dabei locker neben dem Körper gestreckt. Strecken Sie jetzt den linken Arm weit zur Seite ab, wobei Sie das rechte Bein und den rechten Arm nach vorn strecken. Ihre Fingerspitzen berühren die Fußspitze. Zählen Sie bis fünf und halten Sie so lange die Stellung. Dann Wechsel auf das andere Bein. Übung wiederholen.

Anschließend Muskulatur lockern.

Auch die Fitneß beginnt im Kopf. Sie müssen das Training wollen, sonst werden Sie nicht durchhalten. Übertreiben Sie am Anfang nicht, beginnen Sie mit kleinen Einheiten. Sie werden sie später von selbst steigern. Unerläßlich ist das »Bewegungsprogramm Muskelheizung« vor jedem Gang auf den Tennisplatz.

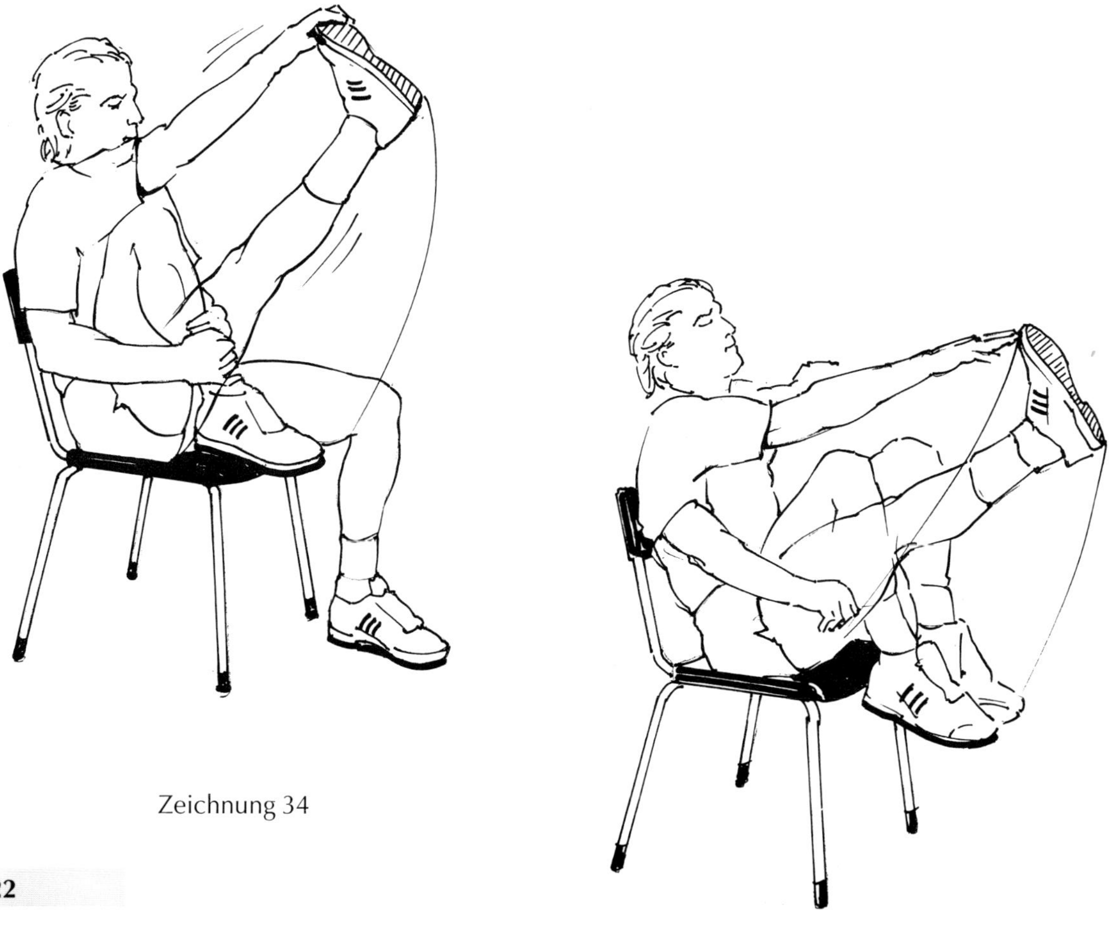

Zeichnung 34

Stufe 2: Die richtige Ernährung

Als Tennis-Turnierspieler hat man es mit der richtigen Speiseplanung nicht einfach. Man muß darauf achten, *was* man zu sich nimmt, *wie* man etwas zu sich nimmt, und dann spielt auch noch der *Zeitpunkt* eine wichtige Rolle. Selbst erfahrenen Profis gelingt das nicht immer. Jeder Hochleistungssportler weiß, daß er nicht mit vollem Magen in einen Wettkampf gehen darf. Wie aber soll ein Tennisspieler immer genau vorausberechnen können, wann er an der Reihe ist? Da der Magen bei der Verdauung der eingenommenen Speisen ein Vielfaches an Sauerstoff als gewöhnlich verbraucht, wird er in der Zeit nach der Mahlzeit entsprechend mit mehr Blut versorgt. Daraus resultiert unter anderem auch die Müdigkeit, die mit dem Gefühl der Sattheit einhergeht. Wird in dieser Phase der Organismus zu stark belastet, kommt es unter Umständen zu Protestreaktionen des Körpers in Form von Gleichgewichtsstörungen, Schwindel und Erbrechen.

Bei Tennisturnieren kann man nur in den seltensten Fällen vorausberechnen, wann man an der Reihe ist. Es ist also sinnvoll, sich immer mit einer Auswahl von Müsli-Riegeln und sogenannten Energie-Drinks einzudecken. Sehr zu empfehlen sind auch Joghurts.

Richtige Ernährung beginnt mit den richtigen Drinks (E 1)

Beim Tennis wird geschwitzt. Ein Mensch, der bei körperlicher Leistung keinen Schweiß absondert, bei dem funktioniert der Stoffwechsel nicht. Für die Gesundheit des sporttreibenden Menschen ist Flüssigkeit lebenswichtig. Der menschliche Körper, der zu 60 Prozent aus Wasser besteht, reagiert bei einem Flüssigkeitsverlust von nur zwei Prozent bereits mit einem Leistungsabfall von 20 Prozent. Bei einem Flüssigkeitsverlust darüber hinaus ist die Gefahr eines Kollapses sehr groß. Während eines Tennismatches verlieren Sie bis zu vier Liter Flüssigkeit. Dabei scheidet der Körper aber auch Mineralien und wasserlösliche Vitamine wie B und C aus. Mit jedem Liter Körperflüssigkeit gehen 50 mg Vitamin C verloren.
Ein solcher K.o. auf dem Platz wegen Dehydration (Wassermangels) ist also ein selbstverschuldeter, unverzeihlicher Fehler. Kein Mensch würde auf die Idee kommen, mit zu wenig Wasser im Autokühler mit Vollgas über die Autobahn zu rasen. Im Körper führt ein solcher Mangel zu ähnlich katastrophalen Erscheinungen wie ein kochender Kühler. Im Gegensatz zum verschlossenen Kühlsystem am Kraftfahrzeug ist aber das des Menschen offen: Über die Haut wird die Kühlflüssigkeit in Form von Schweiß ausgeschieden und schützt so vor Überhitzung des Körpers. Mit dem Schweiß werden auch wichtige Spurenelemente, wie Natrium, Kalium, Magnesium, Calcium, Eisen und Phosphor, ausgeschieden. Sie können das testen. Schweiß schmeckt salzig. Ein deutlicher Hinweis, daß da keineswegs nur Wasser ausgeschieden wird.

Baustein E 1: Diese Methode ist eine völlig legale und gesundheitlich unbedenkliche Möglichkeit der Leistungssteigerung.

Für die Gesundheit des sporttreibenden Menschen ist Flüssigkeit lebenswichtig. Der menschliche Körper, der zu 60 Prozent aus Wasser besteht, reagiert bei einem Flüssigkeitsverlust von nur zwei Prozent bereits mit einem Leistungsabfall von 20 Prozent.

Die richtigen Drinks richtig trinken

Ersetzt der Mensch die verlorene Flüssigkeit nicht sofort, dann beginnt ein gefährlicher Teufelskreis. Durch den Schweißverlust verliert das Blut seine Fließfähigkeit. Die Versorgung der Muskulatur mit Sauerstoff und Nährstoffen wird schlechter. Bei gleichbleibender körperlicher Anstrengung steigt jetzt die Körperwärme stärker an, weil es an Kühlflüssigkeit fehlt. Die Schweißabsonderung wird verstärkt, der Körper greift auf die letzten Flüssigkeitsreserven zurück und trocknet noch mehr aus. Das Kühlsystem bricht zusammen, der Kreislaufkollaps droht.
Beachten Sie allerdings bei der Flüssigkeitsaufnahme, daß das Getränk nicht zu kalt ist. Lauwarm ist viel besser, da die Körpertemperatur zwischen 38 und 39 Grad Celsius liegt. Trinken Sie in kleinen

Trinken Sie in kleinen Schlucken und regelmäßigen Abständen.

Schlucken und regelmäßigen Abständen. Eiskalte Fitmacher werden erst mit einer Verzögerung von 25 bis 30 Minuten vom Körper aufgenommen.

Da die Verluste gerade während des Spiels in den Bereichen Kalium stark erhöht sind, bedingt durch den höheren Anteil von Kalium und Magnesium im Schweiß, muß dem auch während und vor dem Match Rechnung getragen werden. Unmittelbar vor dem Spiel muß der Spieler besonders Flüssigkeit, Kohlenhydrate und Minerale bunkern. Kohlenhydrate können nur unter Zuhilfenahme von Kalium als Glykogen in der Muskulatur gespeichert werden. Kaliumdefizite zeigen sich deutlich in einem schnellen Leistungsabfall. Weiter kann auch der Schutz vor Überhitzung des Körpers durch Kalium verbessert werden, da Kalium die Glykogeneinlagerung erleichtert und damit zugleich die Wasseraufnahmefähigkeit des Körpers verbessert.

Der Energiebedarf eines sporttreibenden Menschen liegt je nach Intensität zwischen 1800 und 2800 Kilokalorien.

Die Flüssigkeitszufuhr muß allerdings auch dann ausreichend sein, wenn kein Hochleistungssport betrieben wird. Ein 70 kg schwerer Mann braucht pro Tag mindestens zweieinhalb Liter Flüssigkeit. Über die normale Nahrungsmittelaufnahme nimmt man etwa einen Liter Flüssigkeit auf. Eineinhalb Liter FLüssigkeit müssen also täglich mindestens getrunken werden.

Trinken Sie vor allem
- Mineral- und sogenannte Heilwasser wegen ihres natürlichen Mineraliengehaltes.
- ungesüßten Tee oder Kaffee
- naturreine Obst- und Gemüsesäfte

Meiden Sie auf jeden Fall gesüßte Limonaden.

Energie-Reserven trainieren

Der Energiebedarf eines sporttreibenden Menschen liegt je nach Intensität zwischen 1800 und 2800 Kilokalorien. Zur Sicherstellung des Energiebedarfs der Muskulatur legt sich der Körper Energiereserven im Muskelgewebe in Form von Glykogen (hochwertiger Zucker) an. Glykogen baut sich leicht ab – der Körper verbraucht also bei der Energiegewinnung weniger Sauerstoff – und liefert die höchsten Energiereserven. Zudem haben die Glykogen-Speicher die Fähigkeit, ihr Volumen zu vergrößern.

Wenn man sich im Hinblick auf ein Turnier zwei Wochen vor dessen Beginn zehn Tage lang mit stark eiweißhaltiger, kohlenhydratarmer Kost (Fleisch, Milchprodukte und Milch) ernährt, entleeren sich die Glykogen-Depots. Nimmt man dann nur noch kohlenhydratreiche Kost (Getreideprodukte, Brot, Haferflocken, Salat, Obst usw.) und wenig eiweißhaltige Kost zu sich, füllen sich die Depots wieder und nehmen dann doppelt so viel Glukose auf wie vorher.

Bei üblicher Mischkost können sich durch Leistungsabforderung entleerte Glykogen-Depots erst in drei Tagen wieder aufbauen, bei kohlenhydratreicher Kost geschieht das in 24 Stunden.

Für die Tennispraxis ergeben sich daraus folgende wichtige Erkenntnisse:

1. Kohlenhydratreiche Kost erhöht den Glykogengehalt in der Muskulatur.
2. Je höher der Glykogengehalt, desto länger kann Leistung abgefordert werden.
3. Fettreiche Ernährung reduziert den Glykogengehalt.
4. Je niedriger der Glykogengehalt ist, um so kürzer die Leistungsfähigkeit des Körpers.

Zahlreiche Ernährungswissenschaftler haben sich mit der sportgerechten Ernährung befaßt. Einer der bekanntesten dürfte wohl der Amerikaner Robert Haas sein, der in die Schlagzeilen der internationalen Presse geriet, als er mit Martina Navratilova und Ivan Lendl spektakuläre Erfolge verzeichnete. Beide lebten strikt nach seinen Rezepten und wurden prompt langjährig die jeweilige Nummer eins ihrer Weltranglisten. Sein Buch »Dr.

Haas' Leistungsdiät« wurde auch in Deutschland ein Bestseller. In seinem Gefolge haben sich allerdings viele Ernährungswissenschaftler mit dem Thema Sportler-Ernährung beschäftigt, ohne daß jemand den Amerikaner widerlegt hat. So empfiehlt Nicolai Worm in seinem in Deutschland erschienenen Buch »Top-Sport-Diät für alle« eine sportgerechte Basiskost, die sich aus allen notwendigen Nährstoffen für optimale Leistungsbereitschaft zusammensetzt. Auf dieser Basis finden Sie im folgenden einige Empfehlungen, die Sie unbedingt beachten sollten, wenn Ihnen nicht kurz vor dem Matchball die Kraft ausgehen soll.

Baustein E 2: **Notwendiger Bestandteil zu Baustein E 1, für sich alleine genommen aber auch als Ernährungsempfehlung während der Turnierphase anwendbar.**

Ernährungsempfehlungen für die Zeit vor dem Turnier (E 2, E 3)

E 2, Ziel: Entleerung der Glykogenspeicher

Bevorzugen Sie zehn Tage lang:

- zum Süßen: kohlenhydratfreie Süßstoffe in Tabletten-, Pulver- oder flüssiger Form;
- zum Andicken und Binden von Soßen: kohlenhydratfreie Bindemittel, z. B. Biobin oder Nestargel; zum Gelieren von Süßspeisen: Gelatine;
- Brot: kohlenhydratarme Eiweißbrötchen;
- Gemüse und Salate: kohlenhydratarme Sorten, z. B. Kopfsalat, Tomaten, Gurken, Spinat, Blumenkohl, grüne Bohnen, Paprikaschoten, Radieschen, Rettich, Weißkohl, Wirsing, Aubergine, Zucchini, Sauerkraut, Pilze, Chicorée, Eisbergsalat;
- Milch und Milchprodukte: Joghurt ohne Früchte, Sauermilch, Quark, alle Sorten Käse (allerdings sollten Sie fettarme Sorten vorziehen);
- Fleisch, Fisch und Geflügel: fettarme Sorten in leichtverdaulicher Zubereitung;
- Suppen: Gemüse- oder Fleischbrühe mit Gemüse-, Fleisch- oder Eieinlage;
- Gewürze und Kräuter: alle Küchenkräuter und Gewürze;
- Getränke: alle Getränke ohne Zukker, ungesüßter Gemüsesaft usw.

Meiden Sie während dieser zehn Tage alles, worin Kohlenhydrate enthalten sind. Also: Brot, Gebäck, Kuchen, zuckerhaltige Getränke, Fertiggerichte ohne Inhaltsangabe, Kartoffeln, Reis, Teigwaren in jeder Form, Obst und Trockenfrüchte, Erbsen, Hülsenfrüchte.

E 3, Ziel: Auffüllen der Glykogenspeicher

Vorschläge für eine kohlenhydratreiche Kost (beginnen Sie damit spätestens vier Tage vor Beginn des Turnieres):

- Essen Sie weniger Fleisch, Wurst und Käse. Am besten Sie verzichten jetzt völlig darauf. Vermeiden Sie Fett in jeder Form.
- Verwenden Sie zusätzliche Kohlenhydrat-Konzentrationen aus dem Reformhaus.
- Vermeiden Sie blähende und schwer verdauliche Speisen wie Hülsenfrüchte, grobe Kohlarten, Mayonnaisen, grobes Vollkornbrot, konzentrierte Süßspeisen u. ä.

Baustein E 3: **Gilt eigentlich für alle Menschen. Die erforderliche Nahrungsmenge sollte auf möglichst viele Einzelportionen aufgeteilt werden. Am Spieltag unerläßlich.**

Baustoff Eiweiß

Vielleicht haben Sie nun den Eindruck gewonnen, daß auf Eiweiß verzichtet werden könnte. Das wäre jedoch fatal. Eiweiß dient dem Aufbau von Körperzellen. Die Muskeln und Sehnen, aber auch alle Organe wie z. B. Herz, Leber, Nieren, Haut bestehen zum großen Teil aus Eiweiß, ebenso wie die Blutkörperchen, die Antikörper, die Hormone, die Enzyme und andere. Eiweißstrukturen sorgen

Im Gegensatz zum Glykogen kann der Körper keine Nahrungseiweiß-Depots anlegen. Der erwachsene Mensch braucht pro Tag etwa 0,8 Gramm Eiweiß pro Kilogramm Körpergewicht.

Baustein E 4: Beherzigen Sie diese Empfehlung. Sie verhindert, daß Sie Leistungseinbrüche haben und gesundheitlich Schaden nehmen.

als Enzyme und Hormone für den reibungslosen Ablauf unseres Stoffwechsels, sind wichtig für die Immunabwehr und transportieren Nährstoffe im Blut. Schon bei einer minimalen Unterversorgung mit Eiweiß läßt die Leistungsfähigkeit und Widerstandskraft nach. Im Gegensatz zum Glykogen kann der Körper keine Nahrungseiweiß-Depots anlegen. Wenn ein Mangel entsteht, baut der Körper Eiweißbestände aus den Muskeln ab. Der erwachsene Mensch braucht pro Tag etwa 0,8 Gramm Eiweiß pro Kilogramm Körpergewicht. Kinder, Schwangere und Sportler brauchen bis zu 1,5 Gramm pro Kilogramm Körpergewicht.

Das hochwertigste Eiweiß steckt natürlich im weißen Teil vom Hühnerei. Aus 100 Gramm Hühner-Eiweiß lassen sich 100 Gramm hochwertiges Eiweiß gewinnen. Aber Eiweiß ist praktisch in allen Lebensmitteln mehr oder weniger enthalten. Auf jeden Fall im reichen Maße in allen Milchprodukten, im Fleisch, Fisch und in der Sojabohne.

Fett – die Leistungsbremse

Fett ist ein wichtiger Energie-Lieferant für langanhaltende Belastungen, aber Fett besitzt nur eine geringe Intensität. Ein Gramm Fett mit neun Kilokalorien liefert doppelt so viele Kalorien wie die gleiche Menge Eiweiß oder Kohlenhydrate. Es liefert also viel Energie, verbraucht aber dafür sehr viel Zeit und viel Verbrennungsenergie. Deshalb sollten Sie bei der Zusammenstellung Ihres Ernährungsplanes darauf achten, daß die Fettzufuhr in Ihrer täglichen Ernährung nicht mehr als 25 bis 28 Prozent der gesamten Nahrungskalorien ausmacht.

Man unterscheidet übrigens zwischen Fetten mit einem hohen Anteil an gesättigten Fettsäuren, auf die man auf jeden Fall verzichten sollte, und solchen mit einem hohen Anteil an ungesättigten Fettsäuren. Als Sportler sollten Sie getrost Butter statt Margarine verwenden, denn Butter ist aus naturreinem Fett gewonnen und deshalb leicht verdaulich.

Häufig wenig essen (E 4)

Gewöhnen Sie es sich an, Ihre Nahrungsaufnahme auf fünf bis sechs kleine Mahlzeiten zu verteilen. So gibt es keinen Leistungseinbruch, und die Blutzuckerwerte bleiben konstant. An einem Turniertag sollten Sie sich neben den schon angesprochenen Müsliriegeln auch mit reichlich Bananen eindecken. Zwischen der letzten großen Mahlzeit und Ihrem Match sollten mindestens zweieinhalb Stunden Pause liegen. Ein Müsliriegel oder eine Banane hilft Ihnen über die Distanz, wenn die Wartezeit sich in die Länge zieht.

Essen am Turniertag (E 5)

Wichtig: Die letzte Mahlzeit vor dem Match soll fettarm sein, sonst liegt sie zu schwer im Magen.

Hier einige Tips:

- letzte Mahlzeit vor dem Match: Bananen-Fruchtsalat mit fettarmem Joghurt, Hüttenkäse oder ein Müsliriegel;
- vor, während und nach dem Sport genügend trinken
- bei längerer Belastung: eine Banane oder Orange zwischendurch und Mineralwasser für den Kalium- und Magnesium-Ausgleich.

Wenn Sie das alles beherzigen, kann so ein Match gar nicht lange genug dauern.

Stufe 3: Technik richtig trainieren

Tennis ist eine sehr komplexe Sportart. Es nützt nichts, wenn man zwar einen Schlag perfekt ausführen kann, ihn aber im Spiel nicht zu verwenden weiß. Taktik und Technik müssen schon beim Training immer Hand in Hand gehen. Wohl schadet es nicht, sich zur Perfektion einer

guten Vor- oder Rückhand für eine Stunde an die Ballwand zu stellen – auch Boris Becker hat viele Stunden an der Wand trainiert –, neben diesem Training aber sollte man vor allem praxisnah trainieren; das bedeutet: die Schläge in matchähnliche Situationen einzubinden. Auf diese Art und Weise trainieren Sie nicht nur die richtigen Schläge, sondern zugleich auch deren richtige Anwendung.
Tennistraining erfordert eine allgemeine Geschicklichkeit und den außerordentlichen Fleiß, einen Schlag tausendfach zu wiederholen. Jemand wie John McEnroe muß die Schläge wesentlich weniger häufig trainieren als beispielsweise einer wie Ivan Lendl. Im Endeffekt aber treffen sich die beiden extrem unterschiedlich begabten Spieler auf einer Ebene. Der eine dank seines Fleißes, der andere dank einer außergewöhnlichen Geschicklichkeit, seines enormen Ballgefühls.

Ganzheitsmethode

Es hat keinen Sinn, einen Schlag in einzelne Partien zu zerlegen, diese dann etappenweise zu üben und sie am Ende wieder zu einem ganzen Stück zusammenzusetzen. Es gibt viele Trainer, die nach dieser Methode arbeiten, Sie sollten sich dagegen wehren. Zwar kann es sinnvoll sein, einen Schlag für eine kurze Zeit zum Begreifen des biomechanischen Vorganges nicht in all seinen Bestandteilen auf einmal zu trainieren, sondern beispielsweise eine Rückhand aus dem Stand und ohne Ausholbewegung zu üben, doch unmittelbar nach einer solchen Übung sollte der gesamte Schlag aus der Bewegung heraus trainiert werden.
Tennis ist ein Laufsport. Es nützt Ihnen überhaupt nichts, wenn Sie einen vom Tennislehrer stundenlang millimetergenau zugespielten Ball aus dem Stand heraus zurückspielen können. Im Match steht dann auf einmal nicht mehr das vertraute Gesicht Ihres Tennislehrers auf der anderen Seite, und Ihr Gegner versucht Ihnen die Bälle so zuzuspielen, daß Sie sie nicht erreichen können. Schon war das ganze Training sinnlos.
Der Lerneffekt beim Training resultiert aus einem ganzen Bündel von Empfindungen und Reizen, die sich über Auge, Nerven, Muskeln und Wahrnehmungen einprägen. Diese Impulse werden im Gehirn gespeichert und mit der Bewegung koordiniert. Im Gehirn warten diese Verhaltensmuster und motorischen Abläufe abrufbereit auf den Ernstfall. Ideal ist es, wenn Sie Ihre Entscheidung nicht lange zu überlegen brauchen, sondern Ihr Kopf und Ihr Gefühl Ihnen immer die bestmögliche Entscheidung frei Haus liefern.
Arbeiten Sie stets an dem Schlag, der Ihnen am wenigsten gelingt. Ihre Schokoladenseite brauchen Sie nicht zu trainieren, die kommt im Wettkampf auch, wenn Sie keine Zeit dafür haben.

Ein Gramm Fett mit neun Kilokalorien liefert doppelt so viele Kalorien wie die gleiche Menge Eiweiß oder Kohlenhydrate.

Zeichnung 35: Mit einem einfachen Sprungseil können Sie Ihre Laufarbeit auf dem Platz ganz entscheidend verbessern.

Laufarbeit (T 13)

Achten Sie im Training darauf, daß Sie sich immer auf dem Vorderfuß aufhalten. Sie können das auch im Alltagsleben trainieren, wenn Sie stets mehr auf den Fußballen als über die Ferse laufen. Trainieren Sie vor jedem Training fünf bis zehn Minuten lang mit dem Seil. Das Seilspringen, verbunden mit Quer- und Längs-Läufen über das Seil und den Platz, macht Ihre Beine so flink wie die von Steffi Graf.

Die Erfolgsformel lautet: »einfach – sicher – wirkungsvoll«.

Stufe 4, Taktik: Tennis als Schach mit schnellen Zügen (S 1)

Taktik ist eine Sache des Kopfes. Auf dem Tenniscourt wird schnelles Räuberschach gespielt. Wenn man da nicht mithalten kann, bekommt man keinen Stich. Die Taktik muß dabei so in Fleisch und Blut übergehen, daß die notwendigen Entscheidungen nicht nach langwierigen Denkprozessen gefällt werden, sondern spontan erfolgen. Wenn Sie nach einem Match John McEnroe fragen würden, warum er diesen oder jenen Ball so und nicht anders gespielt hat, dann dürfen Sie kaum eine besondere Erklärung dafür von ihm erwarten, denn seine Handlung erfolgte impulsiv der jeweiligen Matchsituation entsprechend. Trotzdem ist sie aber gerade bei einem taktischen und technischen Genie wie John McEnroe meistens die wirkungsvollste der vorhandenen Möglichkeiten gewesen.

Auf dem Tenniscourt wird schnelles Räuberschach gespielt. Die Taktik muß dabei so in Fleisch und Blut übergehen, daß die notwendigen Entscheidungen spontan erfolgen.

Tennis ist deswegen so faszinierend, weil sich die Spielsituation kaum standardisieren läßt. Mal spielt man gegen einen schnellfüßigen Linkshänder, mal hat man einen lauffaulen Schachspieler als Gegner. Der eine schlägt nur hart auf, der andere tut es mit großer Wucht und trotzdem sehr genau. Nicht außer acht lassen kann man bei der strategischen Planung auch die äußeren Umstände, die sich nachhaltig auf das Match auswirken.
Immerhin kann man sich beim Tennis auf ein paar Standard-Situationen konzentrieren. Das bringt viele Vorteile, weil man dadurch von vornherein viele »Wenn« und »Aber« ausschaltet. Dieses Kapitel hält für Sie eine ganze Reihe nützlicher und handfester Faustregeln bereit. Wenn Sie sich diese vor jedem Match in Erinnerung rufen, wird so manches »eigentlich hätte ich gewinnen müssen ...« von Ihnen ungesagt bleiben, weil Sie den Platz als Sieger verlassen und nicht als »unglücklicher Verlierer«.

Erfolgs-Faustregel:

Die Erfolgsformel lautet: »einfach – sicher – wirkungsvoll« (in dieser Reihenfolge).

Der *einfache* Ball ist immer besser als der komplizierte »Oha-Ball«. Achten Sie mal auf die Großen im Tennis, die machen die meisten Punkte auch mit ganz einfachen Bällen.

Der *sichere* Ball ist die Konsequenz aus dem einfachen Ball. Sicher ist Länge, Höhe und angepaßte Geschwindigkeit.

Der *wirkungsvolle* Ball kann *einfach* und *sicher* sein. Wirkungsvoll bedeutet aber nicht unbedingt *spektakulär.* Auf jeden Fall soll er Ihnen einen Vorteil bringen. Am besten gleich den Punkt.

Wenn Sie sich zu entscheiden haben, dann tun Sie es am besten in der Reihenfolge dieser Faustregel.

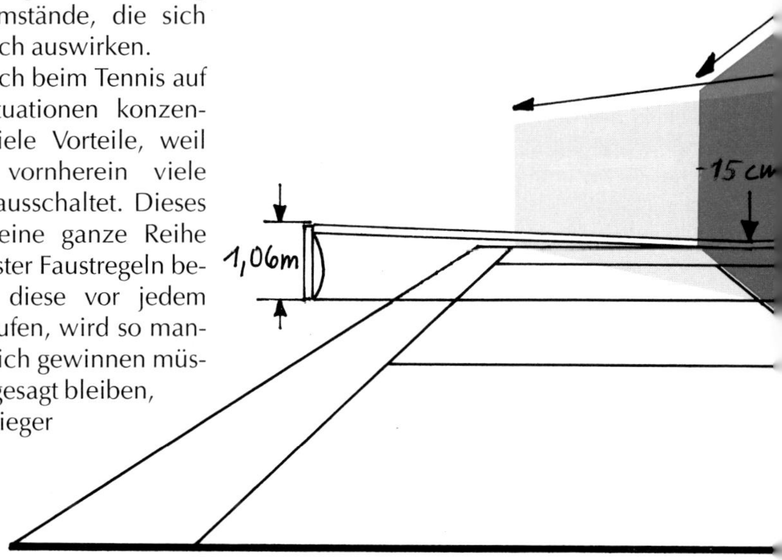

Zeichnung 36: Das Netz ist in der Mitte fünfzehn Zentimeter niedriger, der Platz diagonal 123 Zentimeter länger.

Ausdauer-Faustregel:

Keinen Ball aufgeben: Tennis ist ein Spiel, welches zu rund 70 Prozent durch Fehler entschieden wird und nur etwa zu 30 Prozent durch herausgespielte Punkte. Holen Sie sich also sogenannte *unholbare Bälle,* selbst dann, wenn Sie so einen Ball nur noch *bringen* können. Meistens hat Ihr Gegner so einen Ball schon abgehakt und ist nun selbst so verblüfft, daß er ihn verschlägt. Sogar einem Spieler wie Ivan Lendl passiert hin und wieder so ein Fehler. Außer dem nicht mehr einkalkulierten Punkt gewinnen Sie zudem noch einen wichtigen psychologischen Vorteil, denn Ihr Gegner wird sich eine ganze Weile lang über die verschenkte Chance ärgern.

Sicherheit schützt vor Fehlern, setzt den Gegner unter Druck.

Länge ist das Rückgrat für erfolgreiche Angriffsbälle, die meisten Aufschläge und die effektivsten Volleys.

Der Aufschlag ist der einzige Ball, den man ohne Einwirkung des Gegners gestalten kann.

Ein *starker Aufschlag* ist unumgänglich im Einzel. »Stark« muß nicht hart und schnell bedeuten, aber plaziert. Ein starker Aufschlag bringt die Möglichkeit zur Offensive und die Chance, den daraus resultierenden schwachen Return zu verwandeln.

Tennis ist ein Spiel, welches zu rund 70 Prozent durch Fehler entschieden wird und nur etwa zu 30 Prozent durch herausgespielte Punkte.

Zeichnung 36

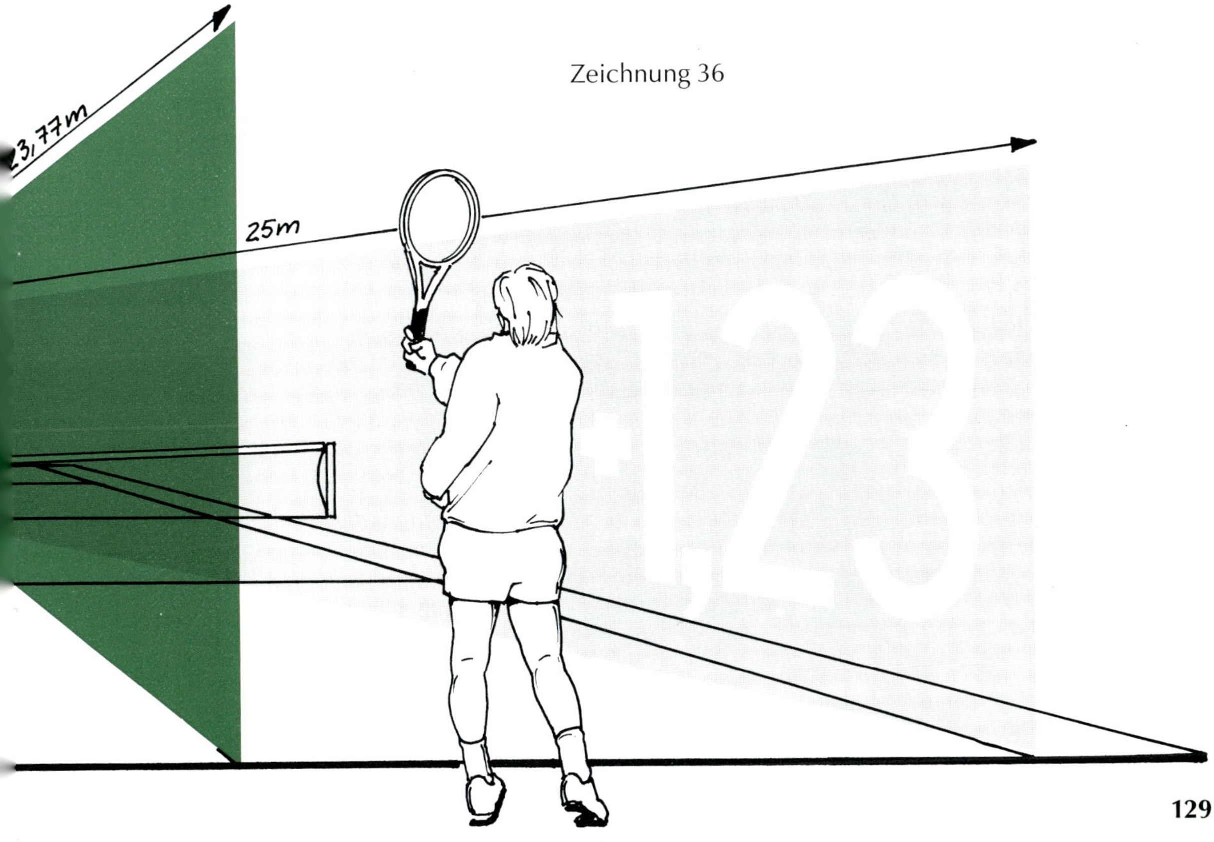

Bei einem schnellen Bodenbelag sollte der erste Aufschlag in die Nähe der Seitenlinie gespielt werden, der zweite Aufschlag auf die Rückhandseite des Gegners.

Aufschlag-Faustregel:

Den *ersten Aufschlag* möglichst weit ins Feld hineinschlagen.

Den *zweiten Aufschlag* möglichst lang auf die schwache Seite des Rückschlägers. Möglichst viel Schnitt (Slice und Topspin) mitgeben, das erhöht die Sicherheit und die Schwierigkeit beim Return.
Merke: Drei Viertel aller Aufschlagspiel-Punkte resultieren aus dieser Erkenntnis.

Bodenbelag-Faustregeln:

Schneller Belag (Beton, Nadelfilz, Teppich) – schnelle Netzattacke bei eigenem Aufschlag (laufen, wenn der Ball in der Luft ist, stehen, wenn der Gegner den Ball schlägt).
1. Aufschlag: in die Nähe der Seitenlinie, um den Court zu öffnen.
2. Aufschlag: auf die Rückhandseite des Gegners (längere Vorbereitungszeit zum Return).
3. Grundlinienschläge: Ausholphase verkürzen.

Langsamer Belag (Sand)
1. Aufschlag mit viel Schnitt weit bis auf die Rückhand-Seite des Rückschlägers. Netzattacke nur, wenn der Returnierer weit aus dem Feld getrieben wird oder der Angriff auf andere Weise entsprechend vorbereitet ist, denn auf langsamen Böden ist der Return viel effektiver als auf schnellen Belägen. Geduld ist die oberste Tugend auf Sand.

Zeichnung 37

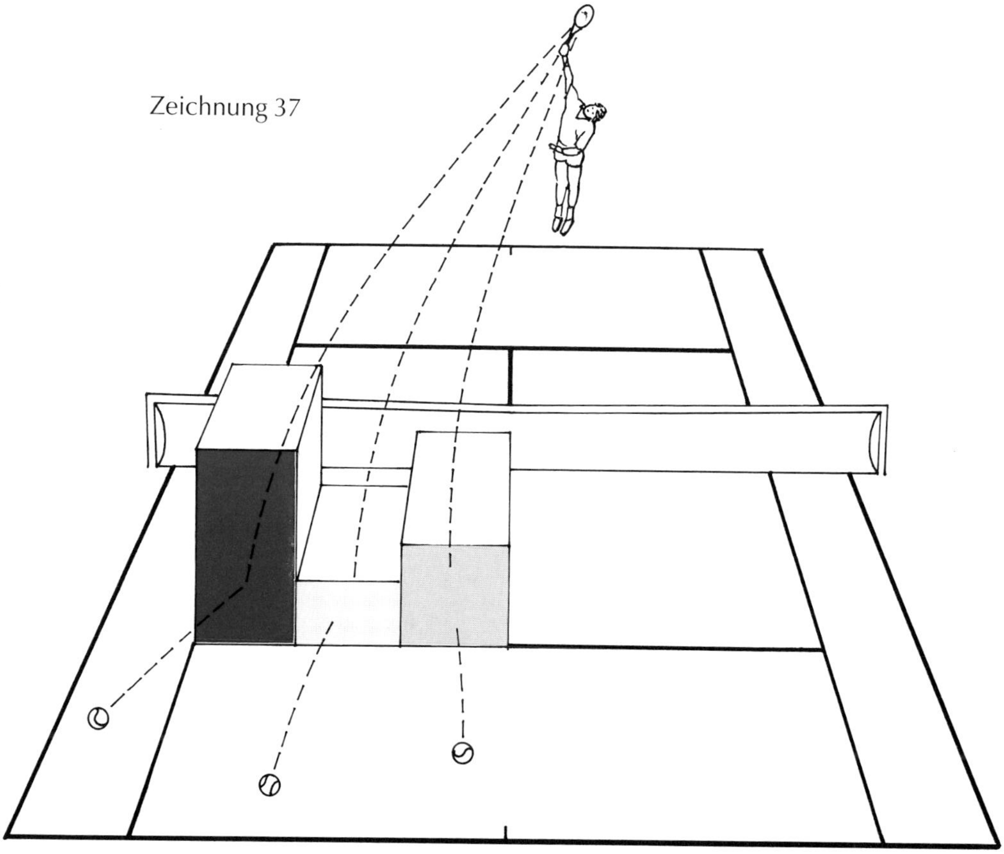

Zeichnung 37: Die drei Grundrichtungen beim Aufschlag und die Häufigkeit der Anwendung: 50 Prozent aller Aufschläge werden in Zone 1 (höchster Kasten), 30 Prozent in Zone 3 (mittlerer Kasten) und nur 20 Prozent in Zone 2 gespielt.

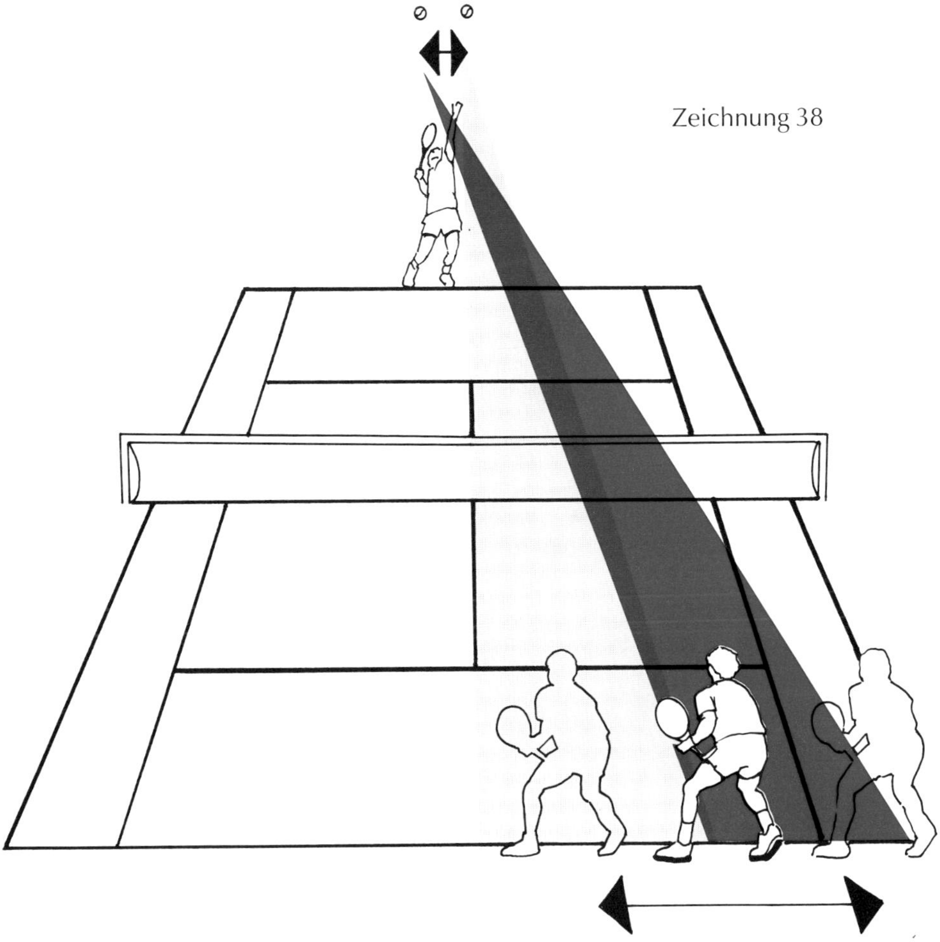

Zeichnung 38: So können Sie den Aufschlag »lesen«: Wirft Ihr Gegner den Ball rechts vom Kopf auf, kommt es zu einem Slice-Aufschlag; der Ball wird nach außen abgetrieben. Wirft er den Ball über dem Kopf auf, hat dies einen schnellen, geraden Aufschlag ohne Schnitt zur Folge. Links vom Kopf: Topspin-Aufschlag; der Ball wird hoch abspringen und eventuell nach außen wegtreiben.

Return-Faustregeln:

1. *Schwierigster Schlag* im Tennis, läßt sich am wenigsten zuverlässig beherrschen, weil der Einfluß des Gegners am größten ist.

2. *Keinen Aufschlag aufgeben.* Jeden Aufschlag zurückbringen. Der beste Return ist immer der sichere Return, nicht unbedingt der schnelle.

3. Je härter der Gegner aufschlägt, desto schneller wird er versuchen, zum Netz aufzurücken. Beste Waffe ist dagegen der *abgeblockte Return* in die Füße.

4. Das *Spielfeld des Aufschlägers* läßt sich in sechs Zonen einteilen (siehe *Zeichnung 41*, Seite 133).

– *Zone 1 und 2:* Lange Ecken des Spielfeldes. Experten haben ausgerechnet, daß sechs von zehn Returns dorthin punkten.
– *Zone 3 und 4:* Die kurzen Ecken in Nähe der T-Linien des Spielfeldes. Returns dorthin haben eine Erfolgsquote zwischen 50 und 60 Prozent.
– *Zone 5:* Die Spielfeldmitte in Höhe der Aufschlaglinie. Returns dorthin (in die Füße des Aufschlägers) sind fünf- von zehnmal erfolgreich.
– *Zone 6:* Die Spielfeldmitte zwischen T-Linie und Netz. Das ist der ganz gefährliche Bereich. Sieben bis acht aller Returns werden dort eine sichere Beute des Aufschlägers.

Je härter der Gegner aufschlägt, desto schneller wird er versuchen, zum Netz aufzurücken.

Wenn Sie sich mindestens eine Fußlänge ins Aufschlagfeld hineinstellen, können Sie den Gegner psychologisch unter Druck setzen.

Zeichnung 39: Die Ermittlung der bestmöglichen Return-Position.

Return-Positionen:

Wo hinstellen? (Siehe *Zeichnung 39*)
1. Stellen Sie sich die Mitte des Aufschlagfeldes vor. Ziehen Sie eine Gerade zwischen dieser Mitte und dem Aufschläger, in der Verlängerung dieser Linie zum Aufstellpunkt liegt die Ideal-Position für die Bereitschaftsstellung.

2. Stellen Sie sich mindestens eine Fußlänge weit in das Aufschlagfeld hinein. Sie setzen erstens den Aufschläger psychologisch unter Druck und sind zweitens näher an den Seitenschenkeln des möglichen Aufschlagwinkels. Außerdem können Sie den Aufschlag eher nehmen, also die Aufschlaggeschwindigkeit zum eigenen Vorteil nutzen, wenn Sie den Aufschlag in der aufsteigenden Phase nehmen (siehe *Zeichnung 40*).

Aufschlag lesen:

Sie haben beim Return noch weniger Zeit als bei einem gewöhnlichen Grundschlag. Sie können diese Zeit jedoch erheblich verlängern, wenn Sie imstande sind, den Aufschlag Ihres Gegners schon beim Entstehen, also im Moment des Ballaufwurfes, zu »lesen«:

Rechts vom Kopf: Slice-Aufschlag, der Ball wird nach außen abgetrieben.
Über dem Kopf: Gerader Aufschlag, der Ball wird schnell ohne Schnitt ankommen.
Links vom Kopf: Topspin-Aufschlag (eventuell mit Slice oder auch ohne), der Ball wird hoch abspringen, eventuell nach außen wegtreiben.

Verändern Sie also Ihre Position entsprechend, während der Ball gerade die hochführende Hand verläßt *(Zeichnung*

Zeichnung 39

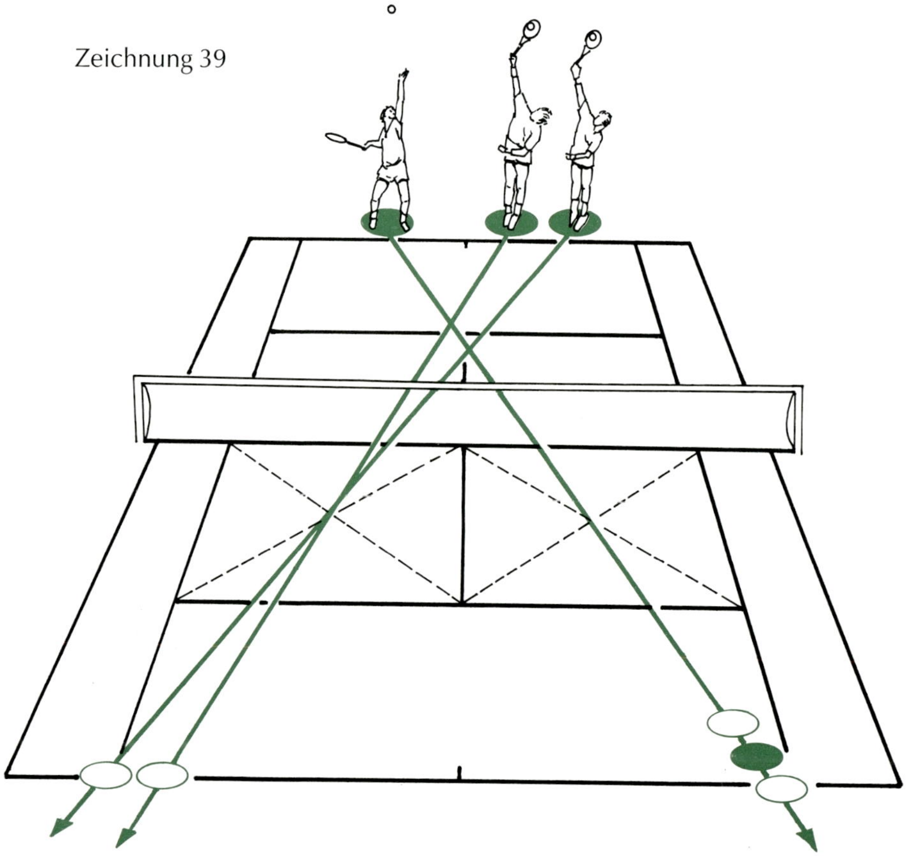

38). Das macht den Gegner nervös und bringt Sie in eine günstigere Position. Merke: Wenn der Aufschläger sich weiter nach außen aufstellt, schlägt er auch weiter nach außen auf.

Grundschläge:

Bestimmen Sie den Rhythmus durch eine gesunde Länge über die sicherere (weil niedrigere) Netzmitte in die Ecken des gegnerischen Feldes.

Faustregel: Wenn Sie offensiv spielen wollen, halten Sie Ihren Gegner durch lange Bälle an der Grundlinie. Bereiten Sie Ihre Netzattacke durch Angriffsbälle vor – aus dem Halbfeld und bei tiefen Volleys mit Unterschnitt in die Tiefe (Ecken) des gegnerischen Platzes, danach punkten Sie mit hohem (Winkel)-Volley am Netz.

Also: Länge durch Topspin oder Unterschnitt von der Grundlinie aus, aus dem Halbfeld durch Länge mit Unterschnitt, am Netz mit Volley in den Winkel.

Überlebens-Regel:

Erledigt ist ein Ball erst dann, wenn er mit der Hand aufgehoben werden muß. Scheuen Sie sich also nicht, auch sogenannte 100prozentige noch zu holen. Warum sollte nicht ausgerechnet dieser Ball zu den rund 70 Prozent aller Punkte werden, die aus Fehlern resultieren. Warum sollte dieser Punkt nicht für Sie zählen?
Daß der herausgespielte Punkt am meisten befriedigen kann, steht außer Frage, doch noch zufriedenstellender ist immer der Sieg.
Denken Sie vor allem dann an diese Regel, wenn Sie Zuschauer haben. Man wird nur zu leicht vom Publikum zu »glanzvollen Schlägen« verleitet.

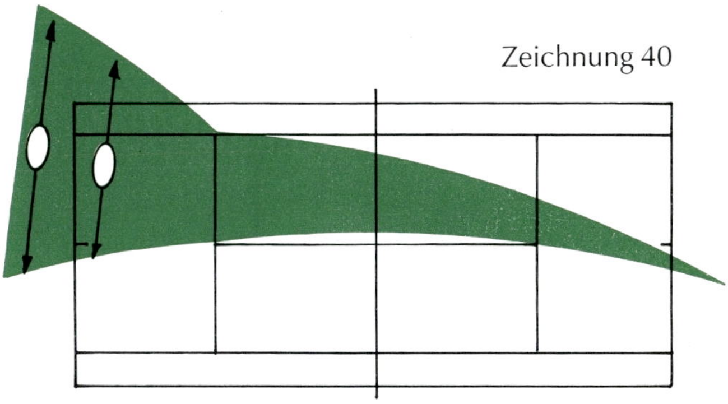

Zeichnung 40

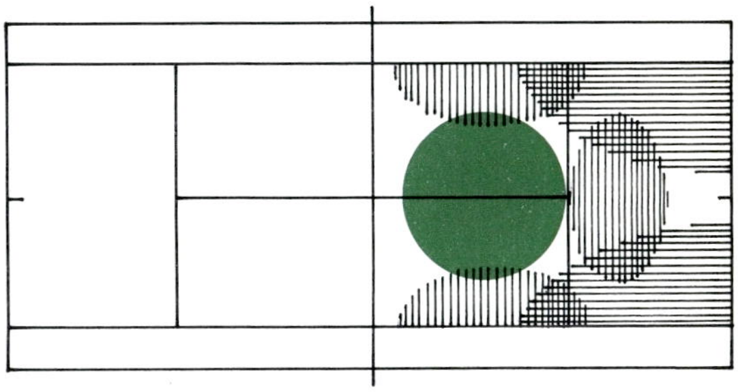

Zeichnung 41

Zeichnung 42

Zeichnung 40: *Return-Position. Je weiter Sie hinter der Grundlinie stehen, desto weiter wird der mögliche Aufschlagwinkel.*

Zeichnung 41: *Die größte Gefahr beim Return lauert in der Mitte hinter dem Netz.*

Zeichnung 42: *Aufschlag rechts vom Kopf: Slice, links vom Kopf: Topspin, über dem Kopf: gerader Aufschlag ohne Spin.*

Zeichnung 43: Am Netz deckt der Spieler den größten Bereich effektiv ab. Der Gegner wird dadurch zu riskanten Longline- und Crossbällen gezwungen.

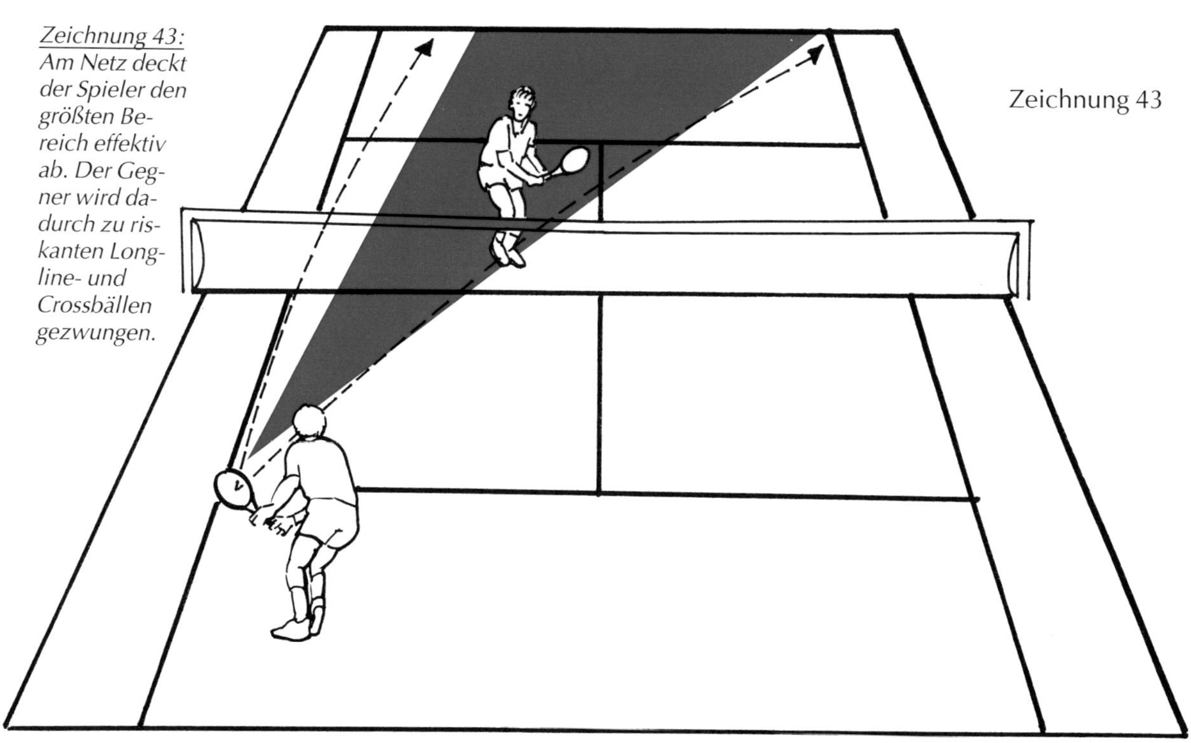

Zeichnung 43

Zeichnung 44: Strategische Zonen: A = Defensivzone der Grundlinienspezialisten. B = Niemandsland. Sehr gefährliches Gebiet, welches man schnell durchqueren sollte. C = Angriffszentrum. Hier kann man den Gegner auspunkten.

Zeichnung 44

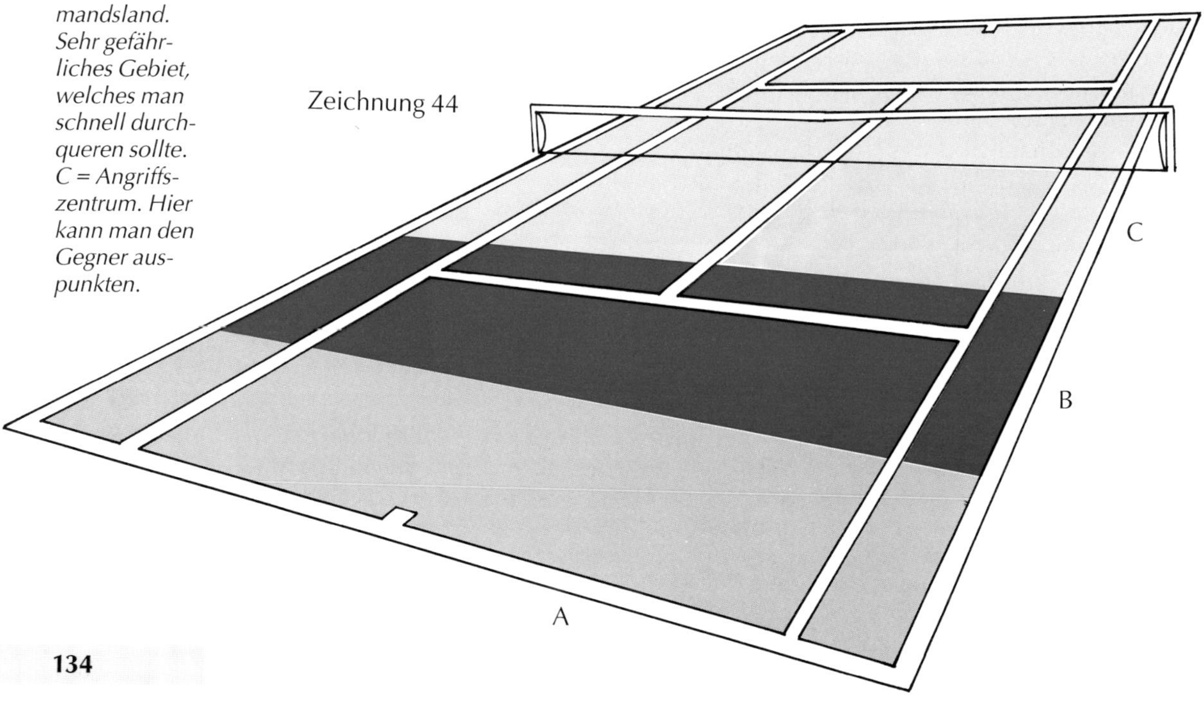

Stufe 5: Mentales Training

In diesem Kapitel geht es eigentlich um nichts anderes als um das Selbstvertrauen. Ein Mensch, der an sich selber glaubt, von seiner Leistung überzeugt ist, seine Herausforderung richtig einschätzen kann und damit auch noch Erfolg hat, der braucht kein mentales Training, keine psychologische Beratung, keine Entspannungsübungen. Verständlicherweise hatte Steffi Graf, kurz nachdem sie mit der Olympiamedaille gerade den »Golden Slam« gewonnen hatte, überhaupt kein Interesse daran, sich mit mentalem Training zu beschäftigen. Dagegen hat sich zum Beispiel der Österreicher Thomas Muster vorübergehend, wie er selbst bestätigt, vor allem mit Hilfe mentaler Trainingstechnik bis unter die ersten zehn der Welt gespielt.

Der norwegische Sportpsychologe Dr. Willi S. Railo beschreibt das mentale Training in seinem Erfolgsbuch »Besser sein, wenn's zählt« so: »Ihr Gehirn ist tatsächlich eine wunderbare Schöpfung. Zwar funktioniert es wie ein Computer, aber es ist diesem weit überlegen, da es sich an die jeweils erforderliche Situation anpassen kann. Der gesamte Organismus stellt sich auf die an ihn gestellten Erfordernisse ein – und zwar so, daß dies nie durch bloßes Nachdenken ergründet werden könnte.«

Zur Veranschaulichung der psychischen Mechanismen schlägt er folgendes Experiment vor, das Sie am besten direkt jetzt auspobieren sollten:

Stellen Sie sich mit dem Rücken im Abstand von 15 Zentimetern vor die nächste Wand. Schließen Sie die Augen und stellen Sie sich vor: »Ich falle zurück!«

Haben Sie das versucht – und Ihre Reaktion wahrgenommen?

Jetzt drehen Sie sich bitte um. Sie stehen etwa 15 Zentimeter von der Wand entfernt – mit ihr zugewandtem Gesicht. Schließen Sie die Augen und wiederholen Sie im Geiste: »Ich falle vorwärts!«

Sind Sie jetzt überrascht? Der kleine Versuch hat Ihnen gezeigt, wie Ihr Gehirn Ihre Muskeln kontrolliert. Sie dachten, Sie würden fallen, und fielen auch – beinahe – aber vielleicht fühlten Sie die Muskelanspannung in den Fußgelenken, die den Fall verhinderte. Die gedankliche (mentale) Vorstellung löste bei Ihnen eine körperliche Reaktion aus.

Machen Sie noch ein weiteres Experiment. Bevor Sie einschlafen, denken Sie intensiv folgenden Satz: »Morgen werde ich um 6 Uhr aufwachen!« Sie können natürlich eine beliebig andere Zeit einsetzen, aber wiederholen Sie diesen Gedanken mehrmals im Geiste. Seien Sie nicht überrascht, wenn Ihre »innere Uhr« Sie tatsächlich am nächsten Morgen um Punkt 6 Uhr weckt. Das nennt man eine *unbewußte Reaktion.*

Für solche unbewußten und bewußten Reaktionen gibt es eine einfache Erklärung. Im Wachzustand gibt es bewußte und nicht bewußte Gedanken, die uns permanent durch den Kopf gehen. Die Impulse dazu kommen teils aus dem Gedächtnis selbst, teils sind sie vom Körper gelenkt oder von der Umgebung, aber sie erscheinen gewöhnlich als Symbole. Der Denkapparat arbeitet mit solchen Symbolen, denn er kann nicht differenzieren zwischen einer realen Situation und einer lediglich vorgestellten (geistig simulierten) Situation, die aus einer lebhaften Erfahrung resultiert. Deshalb kann man mit Hilfe mentaler und autogener Trainingstechnik die körperliche Leistungsfähigkeit manipulieren. Zwischen den Gedanken und den Reaktionen gibt es eine direkte Verbindungslinie, die Sie für die Verbesserung Ihrer Leistungen tatsächlich ausnützen können. Das Gehirn und der Körper machen keinen Unterschied zwischen der Vorstellung »ich falle« und dem realen Vorgang.

Das Gehirn kann nicht differenzieren zwischen einer realen und einer fiktiven Situation. Darin liegt das Geheimnis des mentalen Trainings: Mit Hilfe von entsprechenden Entspannungsübungen und der Konzentration auf Bilder und Symbole kann man sich mental auf Situationen einstellen.

Mit Hilfe mentaler und autogener Trainingstechnik kann man die körperliche Leistungsfähigkeit manipulieren.

Ihr Gehirn funktioniert wie ein Computer, aber es ist diesem weit überlegen, da es sich an die jeweils erforderliche Situation anpassen kann. Der gesamte Organismus stellt sich auf die an ihn gestellten Erfordernisse ein.

Wenn Sie wirklich erfolgreich werden wollen, sollten Sie sich mit diesen überfachlichen Trainingsmethoden beschäftigen.

Baustein M 1: Lernen Sie sich zu entspannen. Lernen Sie, sich mit sich selbst zu unterhalten.

Mentales Training für bessere Taktik und Technik

Daß es möglich ist, sportliche Techniken weiterzuentwickeln, ist allgemein bekannt und wird ständig erneut unter Beweis gestellt. Weniger bekannt ist die Tatsache, daß es möglich ist, diesen technischen Vorgang psychisch auch dadurch zu beschleunigen, daß man sich »nur« vorstellt, man könne diese Technik perfekt ausführen. Einige erfolgreiche Sportler betreiben ein solches mentales Training aus einer natürlichen Begabung heraus, ohne es selbst zu realisieren. Boris Becker ist beispielsweise so ein Talent, andere lehnen schon den Gedanken daran rundweg ab. Wenn Sie wirklich erfolgreich werden wollen, sollten Sie sich mit diesen überfachlichen Trainingsmethoden beschäftigen. Das hilft nicht nur auf dem Tennisplatz weiter. Auch im Alltagsleben kann eine gesunde Portion Selbstvertrauen nicht schaden. Dazu gibt es zahlreiche hervorragende Bücher (siehe Literatur-Verzeichnis).

Seitenwechsel – Chance für die Psyche (M 1)

Auch ohne die Technik des mentalen Trainings zu beherrschen, können Sie einiges für Ihre mentale Stabilität tun:

Baustein M 2: Ihr Gegner merkt sofort, wenn Sie sich nicht zutrauen, was Sie machen müssen. Greifen Sie die Probleme direkt an.

1. Beenden Sie den letzten Ballwechsel vor dem Seitenwechsel mit einer »befreienden Aktion«. Wenn Sie erfolgreich waren, dann demonstrieren Sie Ihre Freude. Es spielt keine Rolle, wie Sie das machen, ob Sie eine »Beckerfaust« zeigen oder einen Luftsprung machen. Haben Sie den Punkt und das Spiel wegen eines dummen Fehlers verloren, so machen Sie Ihrer Enttäuschung mit einer entsprechenden Reaktion Luft. Schimpfen Sie ruhig laut, so werden Sie die Frustration am besten wieder los.
2. Während der Pause beim Seitenwechsel sollten Sie Ihrem Körper Gelegenheit zur Entspannung geben. Also schließen Sie die Augen und entspannen Sie sich. Vergessen Sie die schon gespielten Spiele, es sei denn, Sie haben allen Grund, sich ein besonders erfolgreiches in Erinnerung zu holen.
3. Wenn es nicht so läuft, wie Sie es erwartet haben, dann konzentrieren Sie sich auf positive Erinnerungen. An besonders gut gelungene Schläge, überraschende Siege, einmalige Punkte. So versetzen Sie sich in eine positive Stimmung.
4. Konzentrieren Sie sich während des Seitenwechsels auf das nächste Spiel. Wenn Sie mit dem Aufschlag dran sind, konzentrieren Sie sich auf Ihren Aufschlag. Wenn Sie mit dem Return dran sind, konzentrieren Sie sich auf den Return.
5. Wenn Sie aufstehen, um zur Grundlinie zurückzugehen, denken Sie an die Körpersprache. Demonstrieren Sie eine positive Einstellung. Heben Sie das Kinn an, lassen Sie nicht die Schultern hängen, gehen Sie federnden Schrittes. Geben Sie Ihrem Gegner statt dessen das Gefühl, daß Sie völlig siegesgewiß sind.

Machen Sie sich eine Erfolgs-Checkliste und planen Sie jeden einzelnen Schritt, arbeiten Sie sich Schritt um Schritt nach vorne. Seien Sie niemals mit dem Erreichten zufrieden.

Erfolgreich sein

Es gibt Spieler, die scheinen zu Siegern geboren, während andere immer das Image eines Verlierers mit sich herumschleppen und ihre Bestform nur im Training erreichen. Für die meisten Spieler ist Tennis eine unvorhersehbare Mischung aus Siegen und Niederlagen, mit der Illusion auf einen anhaltenden Erfolg. Eine stabile mentale Disposition muß ebenso sorgfältig entwickelt werden wie die technischen und physischen Fähigkeiten, um eine Sieger-Einstellung zu entwickeln. Die richtige Einstellung ist vor allem unerläßlich, um sich auf verändernde Bedingungen einstellen zu können.

Entschlossenheit (M 2)

Sie müssen wissen, was Sie wollen, und dann müssen Sie Ihr Ziel entschlossen angehen. Entschlossenheit erfordert zu jeder Zeit Ihre volle Bereitschaft, alles zu tun, damit Sie Ihre Ziele erreichen können. Das wiederum erfordert physische und mentale Ausdauer. Es liegt an Ihnen, was Sie vom Tennis erwarten. Machen Sie sich eine Erfolgs-Checkliste und planen Sie jeden einzelnen Schritt, arbeiten Sie sich Schritt um Schritt nach vorne. Seien Sie niemals mit dem Erreichten zufrieden.

Schärfen Sie Ihre Vorstellungskraft (M 3)

Reaktionen auf bestimmte Situationen werden häufig durch die eigene Phantasie beeinflußt, andererseits können Sie aber auch Ihre Vorstellungskraft dafür einsetzen, diese Reaktionen zu kontrollieren. Ein Beispiel, wann dies der Fall sein könnte, wäre eine Situation, in der Ihr Gegner versucht, Sie durch Mätzchen zu irritieren, indem er sich erst noch die Schuhe binden will oder den Ball ein dutzendmal aufspringen läßt, ehe er aufschlägt. Sie wissen, was er damit erreichen will. Sie werden sich wegen des unsportlichen Verhaltens ärgern und möglicherweise einen schlechten Return machen. Das wollte Ihr Gegner erreichen. Stellen Sie sich vor, daß er das macht, weil er sich seines Aufschlages nicht sicher ist und daß er deshalb diese Mätzchen nötig hat. Auf diese Art und Weise gibt er Ihnen mehr Zeit, sich auf seinen Aufschlag einzustellen. Also beobachten Sie die Bemühungen Ihres Gegners mit großer Gelassenheit.

Kontrollieren Sie Ihr Temperament (M 4)

Vermeiden Sie es unter allen Umständen, daß Sie auf dem Platz Ihre Beherrschung verlieren. Damit verschwenden Sie eine Menge physischer Energie, und unter Umständen schwächen Sie so Ihre spielerische Leistung. Es kann sogar sein, daß Sie damit Ihren Gegner psychisch aufbauen, weil er Ihren Gefühlsausbruch als Zeichen von Nervenschwäche deutet. Unmittelbar bevor Sie Ihre Beherrschung verlieren ist da ein Bruchteil einer Sekunde, in dem Sie sich noch entscheiden können, ob Sie Ihre Energie nicht besser dafür einsetzen, besseres Tennis zu spielen und das Match noch zu gewinnen.

Bewahren Sie sich eine gute Wettkampf-Stimmung (M 5)

Eine gute Wettkampf-Stimmung ist abhängig vom der Atmosphäre. Wenn Sie das Gefühl haben, daß Sie nervös werden, dann liegt die Ursache dafür unter Umständen am fehlenden Selbstvertrauen in einen bestimmten Schlag. Das können Sie schnell reparieren, indem Sie diesen Schlag mental vor Ihrem geistigen Auge durchspielen. So können Sie die Atmosphäre Ihres Spieles vor Mißklängen schützen.

Konzentration (M 6)

Die richtige Konzentration auf dem Tennisplatz erschöpft sich nicht nur darin, den Ball nicht aus den *Augen* zu lassen, Sie müssen Ihre *ganze Aufmerksamkeit* auf ihn richten, so daß weder das Auge noch die Gedanken von äußeren Einflüssen abgelenkt werden können. Das ist oft in einem Match sehr schwer, aber es gibt Methoden, die Konzentrationsfähigkeit zu stärken.
Eine der Möglichkeiten, der Tendenz zur Ablenkung während langer Ballwechsel entgegenzuwirken, ist die Zähl-Methode (siehe Seite 139).

Baustein M 3: **Schauspielerei gehört auch zum Erfolg. Es hilft Ihnen nicht, wenn Sie mit einem Gegner Mitleid haben, weil dieser ständig über die Hitze klagt.**

Baustein M 4: **Versuchen Sie immer Ihre physische Energie für das Match zu bewahren. Verschleudern Sie nicht Ihr Adrenalin mit unnötigen Zornesausbrüchen.**

Baustein M 5: **Ein Tennismatch wird erst durch einen erfolgreichen Matchball beendet. Kämpfen Sie um Ihre Motivation, auch wenn es mal nicht gut läuft.**

Baustein M 6: **Der Schlüsselbaustein für Ihren Erfolg. Konzentrationsübungen helfen, daß Sie auch in schwierigen Situationen einen klaren Kopf behalten.**

Das Wort »autogen« kommt aus dem Griechischen und bedeutet »selbst schaffen«. Der erste Schritt des autogenen Trainings ist die Tiefenentspannung mit Hilfe der Konzentration.

Begriffe, Methoden und Erklärungen zum mentalen Training

Aggression: Reaktion auf vorhandene Nervosität oder Schwäche. Läßt sich nur durch Entspannungsübungen, Disziplin oder großes Selbstvertrauen regulieren.

Angst: verursacht negative psychische Spannungen, kann durch positives Denken beeinflußt werden.

Autogenes Training: Das Wort *autogen* stammt aus dem Griechischen und bedeutet *selbst schaffen.* Es beschreibt die Fähigkeit, sich selbst mit Hilfe der Konzentration kontrollieren zu können. Anfang dieses Jahrhunderts begründete der Deutsche Johannes Schultz das autogene Training. Dabei soll der eigene Wille so geformt werden, daß dieser imstande ist, psychische und physische Reaktionen mental zu steuern.
Autogenes Training setzt sich aus zwei Schritten zusammen. Der erste Schritt ist die *Tiefenentspannung* mit Hilfe der *Konzentration.* Der zweite Schritt ist die Fähigkeit zur Kontrolle über die gewünschte *psychische Reaktion.* Mit *Schlüsselsätzen* wie »Ich fühle mich stark«, »Ich schlage gerne auf«, »Ich returniere am liebsten gegen starke Aufschläger« und so weiter wird dabei eine entsprechende positive Einstellung im Sportler erzeugt. Solche Schlüsselsätze lassen sich natürlich auch von jedem Sportler anwenden, der die Tiefenentspannung nicht beherrscht. Die erzielten Ergebnisse aber sind auf jeden Fall viel besser, wenn man die Tiefenentspannung beherrscht.

Desensibilisierung: Eine Form des Modelltrainings, die aus dem psychologischen Bereich stammt. Diese Technik bedeutet nichts anderes, als sich *unempfindlich* für negative Einflüsse zu machen. Dieser Art des Trainings geht immer eine Analyse der Leistungshürden voraus: *»Unter welchen Bedingungen fällt es Ihnen schwer, Leistung zu bringen?«* – *»Was kann verbessert werden?«* – *»Wann und unter welchen Umständen werden Sie nervös?«* – *»Wann merkt man Ihnen an, wenn Sie sich verärgert oder nervös fühlen?«* Ziel dieses Trainings soll es sein, daß man die Situation, die man normalerweise als stressig erlebt, statt dessen mit angenehmen, schönen Erlebnissen in Zusammenhang bringen kann, bei denen man sich entspannt fühlen kann.

Emotionale Sperren: Ergebnis eines negativen Gefühls, welches mit einer bestimmten Situation, Person oder einer bestimmten Verhaltensweise assoziiert wird. Emotionale Sperren sind in der Regel anerlernt und treten oftmals zusammen mit Nervosität und Angst auf.

Entspannungsübungen: Die Fähigkeit zur Entspannung ist die Grundvoraussetzung für fast alle mentalen Trainingsformen, und sie muß trainiert werden. Als Techniken zur Entspannung bieten sich an: *Atemübungen, Muskelentspannung, Biofeedback sowie Yoga und Meditation.*

Erwartungsdruck: Hauptursache für *Nervosität* und *Fluchtverhalten.* Erwartungsdruck wird vor allem erzeugt von Angehörigen, Freunden, Journalisten und Zuschauern. Tennisspieler, die unter einer »Wettkampf-Nervosität« leiden (Konzentrationsschwierigkeiten, Schweißausbrüche usw.) werden noch nervöser, wenn Erwartungsdruck dazukommt. Mit Entspannungs-Übungen läßt sich der Erwartungsdruck mildern.

Flucht: Gegenteil von Kampfverhalten. Wenn man versucht, einer gegebenen Situation dadurch zu entfliehen, daß man versucht, Entschuldigungen zu suchen oder Zufriedenheit vorzutäuschen. Beispielsweise, wenn man zwar den ersten Platz zum Ziel hatte, sich dann aber schon mit dem vierten Platz zufriedengibt. Typische Fluchtreaktionen im Tennis sind der Streit mit dem Linienrichter oder dauerndes Schlägerwechseln. Auch Hinweise auf fehlende körperliche Fitneß sind häufig Fluchtreaktionen. Das kann sogar so weit führen, daß der betreffende Sportler schließlich selbst an eine tatsächlich nicht vorhandene Verletzung glaubt, nur weil er damit aus der Verantwortung für die Niederlage flüchten kann.

Konzentration: Starke Gedankentätigkeit, die sich auf ein eingegrenztes Gebiet erstreckt und gleichzeitig andere Bereiche ausschließt. Wenn man sich auf einen Ball konzentriert, schließt man störende Gedanken, Geräusche und andere Umstände aus. Konzentrationsfähigkeit läßt sich trainieren.
Eine der Möglichkeiten, der Tendenz zur

Wenn man sich auf einen Ball konzentriert, schließt man störende Gedanken, Geräusche und andere Umstände aus. Konzentrationsfähigkeit läßt sich trainieren.

Motivation ist der Schlüssel zur Leistung.

Die Psyche kann trainiert werden, um sich zu entwickeln. Beim Modelltraining wird der Mensch mit Hilfe tatsächlicher oder eingebildeter Problemstellungen auf den realen Fall vorbereitet und lernt damit umzugehen.

Ablenkung während langer Ballwechsel entgegenzuwirken, ist die Zähl-Methode. Zählen hält das Unterbewußtsein besetzt und unterstützt Ihren Rhythmus und das Timing ebenso wie ihre Konzentration. Wenn Sie zusammen mit einem Partner Grundlinienbälle trainieren, zählen Sie »eins« wenn er den Ball schlägt, »zwei« wenn der Ball aufspringt und »drei« wenn Sie den Ball schlagen. Nachdem Sie das häufiger im Training gemacht haben, werden Sie bald merken, daß diese Methode Ihnen dabei hilft, stets frühzeitig vorbereitet zu sein, sich rhythmisch zu bewegen und den Ball immer perfekt zu timen.

Mentale Sperren: Ähnliche Reaktion wie *emotionale Sperre.* Negative Gedanken über bestimmte Ergebnisse, Ereignisse oder Plazierungen werden leicht zu mentalen Sperren. »Bei 40:0 mache ich nie ein Spiel«, »Gegen Linkshänder sehe ich immer schlecht aus« oder »Wenn ich das erste Spiel mache, verliere ich immer« sind solche Beispiele, aus denen mentale Sperren werden können.

Modelltraining: Mit Hilfe von tatsächlichen oder eingebildeten Schwierigkeiten, Problemen und Aversionen wird der Mensch auf den realen Fall vorbereitet und trainiert, mit diesen Problemen fertigwerden zu müssen. Es besteht entweder aus psychischem und mentalem Training in kombinierter Form oder nur aus mentalem Training. Weitere Erläuterungen hierzu unter dem Stichwort *Desensibilisierung.* Das *Modelltraining* basiert auf den Fähigkeiten des Organismus, sich an neue Bedingungen, Situationen und Belastungen anpassen zu können. Dieses Prinzip läßt sich ohne weiteres auch auf den psychologischen Bereich übertragen. Man belastet die Psyche, und sie paßt sich der Belastung an. Überträgt man das auf die Willenskraft, so heißt das: Die Psyche kann trainiert – belastet – werden, um sich zu entwickeln.

Motivation: Schlüssel zur Leistung. Wenn eine Motivation, beispielsweise Anerkennung, Überlegenheit, Freude am Wettkampf, andere Menschen zu treffen usw. vorhanden ist, dann fällt die Leistung leichter. Wer motiviert ist, hat es leichter »anzuspringen«. Motiviertes Handeln setzt voraus, daß in der Leistung ein Sinn gesehen wird.

Nervosität: Blockiert das Leistungsvermögen und lenkt vom Ziel ab. Sie untergräbt das Selbstvertrauen, die Minderung des Selbstvertrauens aber macht wiederum nervös. So entsteht ein Teufelskreis. Nervosität verursacht Streß und zahlreiche *physische Reaktionen,* die die körperliche Leistungsfähigkeit beeinträchtigen. Sie kann durch Entspannungsübungen kontrolliert werden.
Nach neuesten Erkenntnissen unterscheidet man zwei Arten von Nervosität. Die erste ist die »Versagensangst«, die zweite eine gewisse Aufregung über den unbekannten Ausgang eines Ereignisses. Die erstgenannte ist mehr leistungsbeeinträchtigend als die zweite.

Protest-Reaktionen: werden vor allem durch das Unterbewußtsein verursacht. Sie treten im Tennis häufig zutage, wenn Mannschaften eingeteilt werden und sich Spieler auf der Position, wo sie anzutreten haben, nicht leistungsgerecht berücksichtigt sehen. Solche Reaktionen stehen in enger Verbindung mit defensiver Verhaltensweise und wirken sich sehr negativ auf das Leistungsvermögen aus.

Psyche: Umschreibung der gesamten *seelisch/geistigen* Verfassung eines Menschen. Sie kann gut oder schlecht sein und sie ist selten beides zum gleichen Zeitpunkt. Meistens befindet sie sich »irgendwo dazwischen«.

Psychische Reaktionen: Über die Sinnesorgane, vor allem aber über die Nerven werden positive und negative psychische Reaktionen ausgelöst. Die negativen vor allem durch die Nervosität. So wird das Gehirn veranlaßt, Warnsignale auszusenden, und oft führen solche Warnsignale zu einer Blockade. Dann ist die Fähigkeit des Denkapparates, Probleme zu lösen und Situationen richtig einzuschätzen nachhaltig beeinträchtigt, und damit die Wahrnehmungsfähigkeit. Die Denk- und Auffassungsgabe ist ebenfalls beeinträchtigt. Zusammenfassend: Das Gehirn kann Daten weniger wirkungsvoll verarbeiten. Große Nervosität reduziert häufig die Denk- und Reaktionsfähigkeit.

Psychologisches Gleichgewicht: Ergebnis eines harmonischen Verhältnisses zwischen Leistungsfä-

Selbstvertrauen ist der wichtigste positive Faktor in der Sportpsychologie.

Defensive Verhaltensweisen wirken sich sehr negativ auf das Leistungsvermögen aus. Über die Sinnesorgane werden psychische Reaktionen ausgelöst, die das Gehirn veranlassen, Warnsignale auszusenden. Diese können im negativen Fall Blockaden auslösen.

higkeit und Erwartungshaltung.

Rollenverhalten: Erfahrungswert aus vorgegebenen Verhaltensmustern, nach denen man glaubt leben zu müssen. So gibt es Menschen, die glauben den »Versager« spielen zu müssen, während andere den »Siegertyp« übernehmen. So kennt man den »Wasserträger«, das »Mädchen für alles« oder die »Stimmungskanone«.

Selbstvertrauen: Wichtigster positiver Faktor in der Sportpsychologie. Sportliche Höchstleistung kann nur erbracht werden, wenn das Selbstvertrauen intakt ist. Selbstbewußtsein ist das Resultat positiver Erfahrungen in einer vorgegebenen Situation. Wenn es für eine Situation genügend positive Erfahrungen gibt, wird auch das Selbstvertrauen in eben dieser Situation gut sein.

Typische Streßreaktionen sind eine beschleunigte Herzfrequenz, ein beschleunigter Atem und angespannte Muskeln. Der Körper produziert dabei die Streßhormone Adrenalin und Noradrenalin.

Stimmungen: Gefühle und Stimmungen neigen dazu, sich rasch zu verbreiten. Pessimismus, Siegesgewißheit, Resignation und Vorfreude beeinflussen die Stimmung vor einem Wettkampf erheblich. Entspannungsübungen können solche Stimmungen in eine gewünschte Richtung lenken.

Streß: Psychische Reaktion auf Belastungsdruck, vor allem hervorgerufen durch *Nervosität.* Typische Streßreaktionen sind: beschleunigte Herzfrequenz, beschleunigter Atem, angespannte Muskeln. Der Körper produziert die Streßhormone Adrenalin und Noradrenalin. Es kommt beispielsweise auch zu einer höheren Zucker- und Fettausschüttung in die Blutbahn. Der Körper mobilisiert also zusätzliche Kraftreserven für eine mögliche Belastung.

Streßkontrolle: Die Fähigkeit dazu erfordert wiederum die Fähigkeit, die eigene Spannungslage zu erkennen. Man muß fähig sein, sein Selbst- und Leistungsvertrauen gegen aufkommende Selbstzweifel abzuschirmen, auf das Spiel konzentriert zu bleiben und Emotionen wie zum Beispiel Wut und Ärger so zu kontrollieren, daß sie die Leistung nicht beeinträchtigen.

Symboltraining: Eine Variation des mentalen Trainings mit Schwerpunkt »bildhafte Vorstellung«. Diese Trainingsform basiert auf der Erkenntnis, daß das menschliche Gehirn nicht zwischen realen Dingen und intensiv geistig (mental) produzierten Bildern unterscheiden kann.

Ein *Symbol* kann dabei ein einzelnes *Wort,* ein Satz oder geistig produzierte Gefühle sein. Das Ziel dieser Technik ist es, bestimmte Situationen wie Unglück, Müdigkeit, Enttäuschung usw. mit einem Gefühl der Entspannung mittels positiver Symbole (Bilder, Worte, Ausdrücke oder vorgestellte Gefühle) assoziieren zu können. Positive Gefühle und Erfahrungen sind in der Regel mit Entspannung und Ruhe verknüpft. Und gerade diese Gefühle will man mit Hilfe entsprechender Symbole erzeugen – statt Störungen, die negative Reaktionen mit sich bringen.

Tiefenentspannung: Wichtigster Teil des *autogenen Trainings.* Bei dieser Konzentrations-Entspannungs-Übung wird die Tatsache zur Entspannung genutzt, daß bestimmte Worte eine entspannende Wirkung auf den Menschen haben können. So zum Beispiel die Worte »warm« und »schwer«. Wenn man sich körperlich »schwer« fühlt, dann ist dieses Gefühl mit Entspannung verknüpft. Gleiches gilt für das Wärmegefühl, das auch mit Entspannung in Verbindung gebracht wird. Wenn man die Tiefenentspannung beherrscht, fühlt man tatsächlich Wärme und Schwere. Tiefen-Entspannungs-Übungen können allerdings bei manchen Menschen Unbehagen auslösen. Je größer die Entspannung, desto größer wird dann das Unbehagen. Es ist sinnvoll, die Tiefenentspannung und das *autogene Training* unter Anleitung zu erlernen.

Willenskraft: Fähigkeit, sich durchzusetzen. Sie versetzt in die Lage Aufgaben zu erfüllen, zu denen man keine oder nur wenig Lust hat. Beispielsweise dann, wenn Müdigkeit oder Muskelkater zu spüren ist. Erfahrungen aus der Praxis beweisen, daß Menschen, die die stärkste Willenskraft haben, auch diejenigen sind, die ihre Kraftreserven am besten ausnutzen.

Yoga und transzendentale Meditation: Entspannungs- und Konzentrationstechniken, die man nicht autodidaktisch lernen kann, sondern nur unter fachkundiger Anleitung. Sie sind auch für den sportlichen Bereich nicht unbedingt zu empfehlen. Andere Techniken lassen sich gezielter einsetzen.

Zielsetzung: Erste Stufe zur erfolgreichen Motivation.

Es ist sinnvoll, die Tiefenentspannung und das autogene Training unter Anleitung zu erlernen.

Ihr individueller 5-Stufen-Plan

Der erste Schritt zu einem erfolgreichen Training ist die Definition oder Projektion der Trainingsziele. Grundsätzlich schadet es nichts, wenn man sich große Ziele steckt, doch es ist eine glatte Fehlplanung, sich beispielsweise wie für Wimbledon vorzubereiten, wenn es nur um ein einziges Freundschaftsspiel geht.
Zur erfolgversprechenden Zielprojektion gehört auch eine realistische Selbsteinschätzung oder eine Leistungsbeurteilung durch den Trainer. Wenn Sie der Überzeugung sind, daß Ihre Niederlagenserie nur aus einer Verkettung unglücklicher Umstände rührt, dann wird es Ihnen schwerfallen, sich für das entsprechende Maß an Trainingseinheiten begeistern zu können. Noch fataler wäre der Irrtum, daß eine glückliche Siegesserie lediglich auf Ihre gute Form zurückzuführen ist, denn dann wird es Ihnen noch schwerer fallen, sich das richtige Trainingsmaß zu verordnen. Selbstbetrug hilft nur Ihrem Gegner. Allerdings schadet es dem Selbstvertrauen, wenn man sich schwächer sieht, als man es tatsächlich ist.

Zur erfolgreichen Zielprojektion gehört auch eine realistische Selbsteinschätzung.

Selbsteinschätzung

Dieser Ratgeber unterteilt die Spieler in drei Kategorien: den Anfänger, der mit Tennis noch nie etwas zu tun hatte, den Fortgeschrittenen, der sich auf dem Platz schon bewegen kann, aber noch nicht allzuviel von der Tennistechnik weiß, und den Leistungssportler.

Spielertyp A
Clubspieler: Er beherrscht alle Grundschläge, Spezialschläge und trainiert mindestens zweimal pro Woche. Er hat in seiner Mannschaft einen festen Platz.

Spielertyp B
Fortgeschrittener Anfänger: Kann mit dem Racket und dem Ball bereits kontrolliert umgehen, beherrscht den Aufschlag relativ sicher und ist auch konditionell und strategisch kein Anfänger mehr.

Spielertyp C
Anfänger: Hat noch Probleme mit der Bewegungskoordination, Racket, Arm und Kopf bilden noch keine biomechanische Einheit, auch die Laufarbeit muß noch trainiert werden.

Spielertyp A verfügt über:	Sichere Aufschläge Sichere Grundschläge Harmonischen Bewegungsablauf Zuverlässige Motorik Gute Laufarbeit Gute Ausdauer Gute Konzentrationsfähigkeit Ausgeprägten Siegeswillen Zielstrebige Strategie Effektvolle Spezialschläge Ausführliche Regelkenntnisse
Spielertyp B verfügt über:	Sichere Aufschläge Sichere Grundschläge Harmonischen Bewegungsablauf Zuverlässige Motorik Stabile Laufarbeit Gute Konzentrationsfähigkeit Strategische Fähigkeiten Ausführliche Regelkenntnisse
Spielertyp C strebt nach:	Gefühl für Ball und Schläger Freude am Spiel Guter Ausdauer Beweglichkeit Kenntnissen über Grundschläge Theoretischen Kenntnissen der Bio-Mechanik

Zielprojektion: ....

Zeitvorgabe: ....Wochen/.....Monate

Leistungschecklisten

In diesem Abschnitt finden Sie Checklisten für die Technik, die Fitneß, Strategie und mentale Fitneß. Am besten stellen Sie solche Listen selbst zusammen und füllen sie monatlich einmal sorgfältig aus. Wenn Sie einen Trainingspartner haben, ist es sinnvoll, die Checklisten gegenseitig auszufüllen. Bewerten Sie die einzelnen Punkte nach dem Schulnoten-Prinzip. Wenn Sie keine Probleme mit dem Checkpunkt haben, dann ist das eine »1« oder »2«. Kommen Sie damit überhaupt nicht klar, dann sollten Sie eine »6« ankreuzen. So können Sie Ihre Stärken und Schwächen selbst bewerten und immer wieder neu kontrollieren.

Bewertung wie in der Schule: 1 = sehr gut, 2 = gut, 3 = befriedigend, 4 = ausreichend, 5 = mangelhaft, 6 = ungenügend.

Empfehlung:
Mindestziel sollte jeweils ein »befriedigend« sein.
Gehen Sie diese Checkliste mindestens einmal im Monat durch. Legen Sie das Schwergewicht des Trainings auf Ihre Schwachpunkte, verstärken Sie aber die Trainingslaune durch Übungsspielchen, in denen Sie auch Ihre Schokoladenschläge einsetzen können. Sinnvolle Übungsspiele (Clinics) können Sie sich auch selbst ausdenken. Beispielsweise ein Spieler darf nur mit Volleys punkten, der andere nur von der Grundlinie aus etc.

Gehen Sie diese Leistungs-Checklisten mindestens einmal im Monat durch.

Technische Checkliste

Gilt für alle Spielertypen	Bewertung
Ballkontrolle:	1/2/3/4/5/6 ....
Aufschlag:	1/2/3/4/5/6 ....
Return:	1/2/3/4/5/6 ....
Grundschläge Vorhand:	1/2/3/4/5/6 ....
Rückhand:	1/2/3/4/5/6 ....
Spezial-Schläge Vorhand-Backspin:	1/2/3/4/5/6 ....
Rückhand-Backspin:	1/2/3/4/5/6 ....
Vorhand-Backspin:	1/2/3/4/5/6 ....
Vorhand-Topspin:	1/2/3/4/5/6 ....
Rückhand-Topspin:	1/2/3/4/5/6 ....
Lob:	1/2/3/4/5/6 ....
Rückhand-Lob:	1/2/3/4/5/6 ....
Schmetterball:	1/2/3/4/5/6 ....
Rückhand-Schmetterball:	1/2/3/4/5/6 ....
Volley Vorhand:	1/2/3/4/5/6 ....
Volley-Rückhand:	1/2/3/4/5/6 ....

Fitneß-Checkliste

Gilt für alle Spielertypen	Bewertung
Zeit bis Ruhepuls erreicht (Minuten: 2 = sehr gut, 3 = gut, 4 = befriedigend, 5 = ausreichend, 6 und mehr = ungenügend):	1/2/3/4/5/6 ....
Gefühl nach langen Ballwechseln (10 Bälle und mehr):	1/2/3/4/5/6 ....
Genügt die Pause beim Seitenwechsel zur Erholung?	1/2/3/4/5/6 ....
Ausdauer:	1/2/3/4/5/6 ....
Beweglichkeit:	1/2/3/4/5/6 ....
Kraft:	1/2/3/4/5/6 ....
Hitzeempfindlichkeit: (groß = 6, gering = 1)	1/2/3/4/5/6 ....
Muskelkater: (stark = 6, wenig = 1)	1/2/3/4/5/6 ....

Mit Hilfe unseres Baukastensystems können sich Spieler aller Leistungsklassen einen individuellen 5-Stufen-Plan erstellen. Trainingsbeispiele finden Sie in den vorangegangenen Kapiteln.

Strategische Checkliste Bewertung

Gilt für alle Spielertypen

Gefühl auf allen Platzpositionen:	1/2/3/4/5/6	....
Spielbestimmung:	1/2/3/4/5/6	....
Punkte gewonnen?	1/2/3/4/5/6	....
Spiele gewonnen:	1/2/3/4/5/6	....
Aufschlagpunkte gewonnen:	1/2/3/4/5/6	....
Returnpunkte gewonnen:	1/2/3/4/5/6	....
Fehlerquote:	1/2/3/4/5/6	....
Winnerquote:	1/2/3/4/5/6	....

Mentale Checkliste Bewertung

Gilt für alle Spielertypen

Gefühle vor dem Match Stimmung?	1/2/3/4/5/6	....
Optimismus?	1/2/3/4/5/6	....
Spielfreude?	1/2/3/4/5/6	....
Aggressivität?	1/2/3/4/5/6	....
Konzentration?	1/2/3/4/5/6	....
Selbstvertrauen?	1/2/3/4/5/6	....
Gefühle während des Matchs Stimmung?	1/2/3/4/5/6	....
Optimismus?	1/2/3/4/5/6	....
Spielfreude?	1/2/3/4/5/6	....
Aggressivität?	1/2/3/4/5/6	....
Konzentration?	1/2/3/4/5/6	....
Selbstvertrauen?	1/2/3/4/5/6	....
Gefühle nach dem Match Stimmung?	1/2/3/4/5/6	....
Selbstvertrauen?	1/2/3/4/5/6	....

Das Baukastensystem: 5 Stufen führen zu Ihrem individuellen Erfolg

Zwei Dinge zählen unverzichtbar zu einer erfolgversprechenden Trainingsplanung. Zuerst muß man sich selbst richtig einschätzen oder jemanden haben, der diese Beurteilung vornehmen kann. Dabei werden Ihnen die zuvor aufgeführten Checklisten behilflich sein. Anschließend muß man sich darüber klar werden, was man mit dem Training überhaupt erreichen will. Dazu können sie sich mit Hilfe unseres Baukastensystems einen individuellen 5-Stufen-Plan erstellen, dessen Bestandteile die in den vorangegangenen Kapiteln aufgeführten Trainingsbeispiele sind: Alle mit einem A gekennzeichneten Bausteine finden Sie im Kapitel »Erste Ballkontakte«, die mit einem T oder G gekennzeichneten Bausteine im Kapitel »Das Step-by-step-Trainingsprogramm«, und alle anderen Bausteine – E, F, M, S (sowie den Baustein T 13) – im Kapitel »Der 5-Stufen-Plan zum Erfolg«.

Baukasten 1 – Theorie/Grundlagen

G1 Biomechanische Zusammenhänge	**G2** Kraftübertragung
G3 Ballflugrichtung	**G4** Spin und Slice Ballrotation
G5 Treffzone/ Treffstrecke	**G6** Gefühl für Zeit Timing

Baukasten 2 – Technik

A1 Erste Ball-Kontakte	**A2** Übungen mit Partner und Netz
A3 Ein erstes Match	**A4** Übungen auf dem Kleinfeld

A5 Erster Aufschlagschritt	**A6** Aufschlag-Training
T1 Griffe zum Begreifen	**T2** Griffbestimmung
T3 Schlagausführung	**T4** Die Bereitschaftsposition
T5 Die Vorhand	**T6** Drive ohne Schnörkel
T7 Die Rückhand	**T8** Der Lob
T9 Der Schmetterball	**T10** Der Vorhand-Volley
T11 Der Rückhand-Volley	**T12** Der Return
T13 Richtig laufen	

Baukasten 3 – Fitneß/Ausdauer – Ernährung

F1 Ausdauertraining Laufen	**F2** Fitneß-Check mit Pulskontrolle
F3 Schnelligkeits-Übungen	**F4** Ausdauer-Schnelligkeits-Übungen
F5 Ausdauer-Zirkeltraining	**F6** Beweglichkeits-Training (Muskelheizung)
E1 Richtig essen und trinken	**E2** Energiespeicher (Glykogen) entleeren
E3 Energiespeicher (Glykogen) auffüllen	**E4** Richtiges Ernährungs-Programm
E5 Ernährung am Wettkampftag	

Baukasten 4 – Strategie/Taktik

S1 Strategisches Grundwissen

Baukasten 5 – Psychologie/Mentale Stärke

M1 Verhalten beim Seitenwechsel	**M2** Verhalten im Spiel
M3 Körpersprache	**M4** Emotionen kontrollieren
M5 Motivation	**M6** Konzentration

Nachfolgend finden Sie drei – auf die jeweiligen Spielertypen A, B und C abgestimmte – Beispiele dafür, wie Sie dieses Baukastensystem in Ihren individuellen 5-Stufen-Plan umsetzen können. Je nach dem wie Sie sich selbst einschätzen, sollten Sie eines dieser Beispiele einmal ausprobieren – entweder allein oder mit Hilfe eines Trainingspartners oder Trainers. Danach sollten Sie schon bald in der Lage sein, sich selbst weitere individuelle Trainingspläne zu erstellen, indem Sie erstens Ihre Leistungsentwicklung (Stärken/Schwächen) ständig aufs neue kontrollieren (=Selbsteinschätzung via Checklisten) und zweitens darauf aufbauend immer neue Trainingsziele formulieren (»Was will ich mit meinem Training eigentlich erreichen«).

Kontrollieren Sie Ihre Leistungsentwicklung stets aufs neue. Sie werden schon bald dazu in der Lage sein, eigene, auf Ihre individuellen Ansprüche zugeschnittenen Trainingspläne zu erstellen.

In den Basis-Baukästen der Trainingspläne finden Sie Übungen und Problemstellungen aufgeführt, mit denen Sie sich während der ganzen Trainingsdauer immer wieder beschäftigen sollten.

Trainingsplan für Spielertyp C (Anfänger)

Ziele:	Flüssiger Bewegungsablauf Ball-, Racketgewöhnung Timing Fitneß-, Ausdauer-Aufbau Strategisches Bewußtsein entwickeln Mentale Stärke/Konzentration Wettkampffähigkeiten entwickeln
Zeitplan:	6 Monate
Trainings-Frequenz:	2×/Woche je 1 ½ Std.
Basis-Baukasten:	Fitneß/ Ernährung: F1, F2, F3, F6, E1 Mental: M5, M6 Strategie: S1 Basiswissen, Tennistheorie: G1, G2, G3, G4, G5, G6 (Mit diesen Übungen/Problemstellungen sollten Sie sich während der gesamten Trainingsdauer immer wieder beschäftigen)

Ihr persönlicher 5-Stufen-Plan:

1.– 2. Wo.:	A1, A2, A3, A4, A5, A6, T1, T2
3.– 5. Wo.:	A4, A6, T3, T4, T5, T7, T10, T11, T12
6.– 8. Wo.:	A4, A6, T5, T7, T8, T9, T10, T11, T12, F4, M1, M2
9.–10. Wo.:	A4, A6, T5, T6, T7, T8, T9, T10, T11, T12, T13, M1, M2, F4
11.–18. Wo.:	A4, A6, T5, T6, T7, T8, T9, T10, T11, T12, T13, F5, M1, M2
19.–24. Wo.:	A4, A6, T5, T6, T7, T8, T9, T10, T11, T12, T13, M1, M2, F5

Trainingsplan für Spielertyp B (Fortgeschrittener)

Ziel:	Perfektion des Bewegungsablaufes Stabilisierung der Grundschläge Verbesserung der Spezialschläge Aufbau der Kondition/Fitneß Verbesserung der Strategie Aufbau der mentalen Kraft Steigerung der Schnelligkeit
Zeitplan:	10 Wochen
Trainings-Frequenz:	2×/Woche je 2 Std.
Basis-Baukasten:	Fitneß: F1, F4, F5, F6, E1, E4 Mental: M1, M2, M3, M5, M6 (Entspannungsübungen) Strategie: S1 (Mit diesen Übungen/Problemstellungen sollten Sie sich während der gesamten Trainingsdauer immer wieder beschäftigen)

Ihr persönlicher 5-Stufen-Plan:

1.–10. Wo.:	A6, T2, T5, T6, T7, T8, T9, T10, T11, T12, T13

Trainingsplan für Spielertyp A

Ziel: Perfektionierung der Grund- und Spezialschläge
Wettkampf-/Turniervorbereitung
Aufbau mentaler Stärke
Steigerung des strategischen Geschicks

Zeitplan: 10 Wochen

Trainings-Frequenz: 3×/Woche (nach Bedarf steigern)

Basis-Baukasten: Fitneß: E1, E4, F1, F4, F5, F6
Strategie: S1
Mental: M1, M2, M3, M5, M6 (Entspannungsübungen)
(Mit diesen Übungen/Problemstellungen sollten Sie sich während der gesamten Trainingsdauer immer wieder beschäftigen)

Ihr persönlicher 5-Stufen-Plan:

1.–10. Wo.: T5, T6, T7, T8, T9, T10, T11, T12

Trainingsplan zur Wettkampf-Vorbereitung für alle Spielertypen

Wenn Sie sich auf ein Turnier vorbereiten wollen, sollten Sie rechtzeitig das Training und Ihre Lebensgewohnheiten darauf abstellen. Beginnen Sie spätestens vier Wochen vor Wettkampfbeginn mit dem Vorbereitungstraining. Wählen Sie die Bausteine dazu sorgfältig entsprechend den mit den Checklisten ermittelten Leistungsdefiziten aus. Nachfolgend ein Standard-Programm, das Sie nach Bedarf abwandeln können.

Ziele: Fitneß, Ausdauer-Vorbereitung
Stabilisierung der technischen Fertigkeiten
Steigerung der mentalen Kraft
Stabilisierung der strategischen Fähigkeiten

Zeitvorgabe: 4 Wochen

Trainings-Frequenz: Spielertyp A: 3mal/Woche,
B und C: 2mal/Woche
(bei Bedarf Frequenz oder einzelne Übungsteile erhöhen)

Basis-Baukasten: Fitneß: E1, E4, F1, F3, F4, F5, F6
Strategie: S1
Mental: M5, M6 (Entspannungsübungen)
Technik: A6, T2, T5, T6, T7, T8, T9, T10, T11, T12, T13
(Mit diesen Übungen/Problemstellungen sollten Sie sich während der gesamten Trainingsdauer immer wieder beschäftigen)

3.–4. Woche: Übungsteile F1, F4, F5 je Übungseinheit 2mal,
ab 12 Tage vor Turnierbeginn E2 statt E1, E4!
Ab 5 Tage vor Turnierbeginn E3, E1, E4 statt E2

Vor einem Turnier sollten Sie rechtzeitig Ihre Lebensgewohnheiten umstellen und spätestens vier Wochen vor dem Wettkampfbeginn mit einem speziellen Vorbereitungstraining beginnen.

Erfolgs-Checkliste

Die Erfolgs-Checkliste hilft Ihnen dabei, im Spiel den richtigen Ball zu spielen.

Erfolg und Mißerfolg entscheiden sich häufig schon vor Beginn eines Matches. Eine schlechte Besaitung, ein klebriges Griffband, ein Loch in der Socke oder ein gerissenes Schuhband, und schon sind alle Chancen verschenkt. Wenn Sie die Gelegenheit haben, dann verschaffen Sie sich ein möglichst umfassendes Bild vom Können Ihres Gegners. Eine solche Checkliste, kurz vor dem Match durchgelesen, kann Ihnen helfen, im entscheidenden Spiel den richtigen Ball zu spielen. Je präziser Ihre Checkliste ausfällt, desto hilfreicher kann Sie Ihnen auch beim Seitenwechsel sein, wenn Sie Probleme mit Ihrem Gegner haben.

Was alles in die Tennistasche gehört

Überprüfen Sie Ihre

Rackets
- Besaitung
- Griffbänder (Ersatz-Griffbänder)
- Saitenschoner
- Schwingungsdämpfer

Schuhe
- Auf welchem Belag wird gespielt?
- Schuhbänder
- Belag
- Inneneinlage

Socken

Tennisanzug

Tennishemden

Tennisshorts

Schweißbänder

Tennisbälle

Handtücher

Heftpflaster

Was Sie über den Platz wissen sollten

Genaue Anschrift (Wegbeschreibung)

Telefonnummer?

Lichtverhältnisse?

Bodenbelag?

Bewirtschaftung?

Duschräume?

Rechte Seite: Auch Ivan Lendl macht sich über jeden seiner Gegner genaue Notizen.

Erfolgs-Checkliste

Verschaffen Sie sich möglichst schon vor einem Wettkampf ein umfassendes Bild vom Können Ihres Gegners. Je präziser Sie Ihre Checkliste anlegen, desto hilfreicher wird sie sein.

Rechte Seite: Was sich ihre Gegnerinnen notieren könnten: Die unterschnittene Rückhand macht Steffi Graf immer wieder einige Probleme.

Was Sie von Ihrem Gegner wissen sollten

			Bemerkungen
Rechtshänder	ja	nein	
Linkshänder	ja	nein	
1. Aufschlag	stark	schwach	
2. Aufschlag	stark	schwach	
Return (Vorhand)	stark	schwach	
Return (Rückhand)	stark	schwach	
Vorhand (Drive)	stark	schwach	
Vorhand (Topspin)	stark	schwach	
Vorhand (Backspin)	stark	schwach	
Rückhand (Drive)	stark	schwach	
Überkopfspiel	stark	schwach	
Beweglichkeit	stark	schwach	
Mentale Fähigkeiten	stark	schwach	
Ausdauer	stark	schwach	
Verhalten des Gegners bei			
0:40	stark	schwach	
40:0	stark	schwach	
Einstand	stark	schwach	
Spielrückstand	stark	schwach	
Satzrückstand	stark	schwach	

Literatur zum Thema

Ernährung

Ellen Coleman: Richtige Ernährung für alle Ausdauersportler, München 1989.

Nicolai Worm: Die Top-Sport-Diät für alle. München 1990.

Robert Haas: Die Dr. Haas Leistungsdiät, München 1985.

Worm/Schröder: Die Ausdauer-Vollwert-Ernährung, Oberhaching 1987.

Fitneß/Beweglichkeit

Bernhard Kurz: Stretching, Niedernhausen 1991.

Blum/Wöllzenmüller: Stretching, Oberhaching 1990

Bruno Blum: Perfektes Stretching, Oberhaching 1990.

Dagmar Sternad: Richtig Stretching, München 1987.

Dagmar Sternad: Tag für Tag topfit, München 1987.

Deutscher Tennis Bund: Tennis Lehrplan 5 – Konditionstraining/Trainingslehre. München 1991.

Dr. Klaus Bös: Fitness testen und trainieren, Oberhaching 1989.

Dr. Theodor Hettinger: Fit sein – fit bleiben. Isometrisches Muskeltraining. Stuttgart 1989.

Eberspächer/Renzland: Leistungsfähig und gesund, Oberhaching 1989.

Fitness-Tips, Kleiner Ratgeber, Oberhaching 1991.

Gabe Mirkin: Die Dr. Mirkin Fitness-Sprechstunde, München 1990.

H. & M. Letzelter/Steinmann: Optimales Heimtraining mit Fitnessgeräten, Oberhaching 1989.

Helmut G. Sieczka: Body Work, München 1991.

Jim Glenn: Übungen für Gesundheit und Fitness, München 1990.

Judy Alter: Das Stretching-Handbuch, München 1989.

Jürgen Freiwald: Aufwärmen im Sport, Reinbek 1991.

Karl Weber: Tennis-Fitness. Gesundheit, Training, Sportmedizin. München 1988.

Knebel/Herbeck/Schaffner: Tennis-Funktionsgymnastik. Reinbek 1991.

Lothar M. Kirsch: Isometrisches Training, Niedernhausen 1990.

Ludwig Geiger: Ausdauertraining, Oberhaching 1988.

Tatiana Held: Fit durch Gymnastik, Stuttgart 1991.

Toni Meissner/Rudolf Arnold: Fitneß und Kondition für Tennisspieler. München 1990.

Walter Bucher: 1000 Spiel- und Übungsformen zum Aufwärmen. Schorndorf 1984.

Tennis-Basiswissen

Gabler/Mergner: Modelle zur Talentförderung im Tennis, Band 14. Ahrensburg 1990.

Gabler/Schrade: Tennis lehren und lernen mit Bildreihen. Schorndorf 1979.

Hartmut Gabler: Tennis – Texte zur Theorie der Sportarten, Band 5. Schorndorf 1982.

Hölting/Klippel/Zein: Kindertennis. Band 12. Ahrensburg 1989.

Psychologie

Gabler/Nitsch/Singer: Einführung in die Sportpsychologie. Schorndorf 1986.

Grau/Möller/Rohweder: Erfolgreiche Strategien zur Problemlösung im Sport. Münster 1990.

Hans Eberspächer: Sportpsychologie. Reinbek 3. Aufl. 1987.

Herbert Heß: Siegen lernen im Tennis. Bad Homburg 1985.

James E. Loehr: Persönliche Bestform durch Mentaltraining. München 1991.

James E. Loehr: Tennis im Kopf. München 1988.

Kay Porter/Judy Foster: Mentales Training. München 1987.

Meinhart Volkamer: Experimente in der Sportpsychologie. Schorndorf 2. Aufl. 1987.

Peter Terry: Mental zum Sieg. München 1990.

Robert F. Greene: Erfolgreiche Tennis-Taktik. Niedernhausen 1980.

Stefan Schaffelhuber: Inner Coaching. München 1991.
Syer/Connolly: Psychotraining für Sportler. Reinbek 1987.
W. Timothy Gallwey: Tennis – Das innere Spiel. München 1991.
Willi Railo: Besser sein wenn's zählt. Wege zum Erfolg in Sport und Beruf. Friedberg 1986.

Audio-Trainings-Cassette Mentales Training

Willi Railo: Besser sein wenn's zählt. Kassette mit zehn Entspannungs-Übungsteilen. Friedberg 1986.

Video-Cassette Mentales Training

Carlo Knauss: Inner Coaching. München 1990.

Tennistechnik

Anita Ganeri: Tennis Trainingsbuch. München 1990.
Bornemann/Weber/Zein: Taktik und Taktik-Training im Tennis, Band 13. Ahrensburg 1990.
Boxberger/Dlugosch/Döker: Der Tennistrainer. München 1987.
Christian Kollenz/Heinz Wagner: Tennistraining richtig. München 1987.
Der Tennistrainer: Lehrpraxis für Übungsleiter und Trainer. München 1987.
Deutscher Tennis Bund: Lehrbuch Tennis. Das Wichtigste aus den Tennis-Lehrplänen. München 1986.
Georges Deniau: Tennis methodisch. München 1976.
Guy Lam: Moderne Tennis Technik. Niedernhausen, 1986, DM 29,80.
Harald Elschenbroich: Tennis Technik-Taktik-Regeln. Niedernhausen 1982.
Horst Kreussler: Tennis-Praxis. Reinbek 1988.
Klaas Bohlens/Rainer Hamann: Tenniskurs. Training – Technik – Taktik. Reinbek 1978.
Klaas Bohlens: Tennis. Training – Technik – Taktik. Reinbek 1978.
Larry Sheehan: Tennis – Schlagtechnik. München 1982.
Lendl/Mendoza: Top Tennis. München 1987.
Lutz Steinhöfel: Trainingsformen im Leistungstennis. Aachen 1991.
Marcel Meier: Kleine Tennisschule. Stuttgart 1978.
Meis/Poppel: High Tech Tennis. Barsinghausen 1988.
Nanda Fischer: richtig jugendtennis – Vom Kinderspiel zum Tennistraining. München 1984.
Niki Pilic: Vom Spieler zum Sieger. München 1989.
Pancho Gonzales/Jeffrey Bairstow: Tennis Training in Wort + Bild. München 1980.
Peter Scholl: richtig tennisspielen 2. Wettkampftennis. München 1989.
Peter Scholl: richtig tennisspielen 1. München 1989.
Peter Scholl: Tennis ist toll. München 1991.
Peter Scholl: Tennisspielen – leicht gemacht. München 1981.
Pöttinger/Mensing: Tennissport. Böblingen 1986.
Richard Schönborn: Die neue Tennispraxis. Niedernhausen 1981.
Sabine Kröner: Tennis lernen und spielen. Schorndorf 1980.
Siegfried Rudel: Tennis-Methode – Definiertes Timing. Ahrensburg 1987.
Vic Braden/ Bill Bruns: Braden's Tennisbuch. München 1979.
Walter Bucher (Hrsg.): 1002 Spiel- und Übungsformen im Tennis. Schorndorf 1982.
Wilfried u. Stefan Taferner: Tennis – Technik – Taktik – Regeln. Niedernhausen 1990.

Video-Trainings-Cassetten

Eberhard Mensing: Tennis für Anfänger. Freising.
High Tech Tennis Video: Tennis-Technik. Barsinghausen 1986.
Peter Burwash: Tennis-Training mit Peter Burwash I und II. USA 1986.

Register

Kursiv gesetzte Ziffern verweisen auf Bildlegenden

Register